本书为国家社科基金重大招标项目
"构建中国特色境外追逃追赃国际合作法律机制研
（项目批准号：17ZDA136）的阶段性成果

U0500234

外　国　法　典　译　丛

刑事事务
国际司法协助法

Gesetz über die Internationale Rechtshilfe in
Strafsachen (IRG)

周维明◎译　刘代华◎校

知识产权出版社
全国百佳图书出版单位

图书在版编目（CIP）数据

刑事事务国际司法协助法/周维明译.—北京：知识产权出版社，2018.5

ISBN 978-7-5130-5520-8

Ⅰ.①刑… Ⅱ.①周… Ⅲ.①刑事犯罪—国际刑法—司法协助 Ⅳ.①D997.9

中国版本图书馆 CIP 数据核字（2018）第 072509 号

内容提要

　　本书为德国《刑事案件国际司法协助法》的中文译本（1982 年通过，最新修订截至 2017 年 1 月 5 日）。

　　读者对象：从事刑事司法协助及立法工作的相关部门与工作人员、高校法学院师生。

责任编辑：韩婷婷　　　　　　　　责任校对：王　岩

封面设计：张　冀　　　　　　　　责任出版：刘译文

刑事事务国际司法协助法

周维明　译　　刘代华　校

出版发行：**知识产权出版社**有限责任公司	网　　址：http：//www.ipph.cn
社　　址：北京市海淀区气象路 50 号院	邮　　编：100081
责编电话：010-82000860 转 8359	责编邮箱：hantingting@cnipr.com
发行电话：010-82000860 转 8101/8102	发行传真：010-82000893/82005070/82000270
印　　刷：北京虎彩文化传播有限公司	经　　销：各大网上书店、新华书店及相关专业书店
开　　本：880mm×1230mm　1/32	印　　张：4.75
版　　次：2018 年 5 月第 1 版	印　　次：2018 年 5 月第 1 次印刷
字　　数：124 千字	定　　价：30.00 元

ISBN 978-7-5130-5520-8

序　言

　　前不久，周维明博士来访时送我一本《阿提卡之夜》（奥卢斯·革利乌斯著）的中译本，是他和几位拉丁文爱好者的共同译作。最近，维明和刘代华教授合作翻译的德国《刑事事务国际司法协助法》又即将付梓。作为维明博士曾经的导师，对他在研究生时期就显露出的外文天赋有所了解，他外文爱好涉猎多种语言，并在协助我完成国际合作项目方面有出色的贡献。但未曾想，他毕业后不久就能在繁杂的工作之余连续推出不同外文的译作，不禁令人感慨年轻人的才华与勤奋。

　　中国《国际刑事司法协助法》的起草经历了漫长的艰难历程，可谓年逾十载，数易其稿，至今仍未出台。作为多次参与该项立法论证的局中人，也难以完全理解这部法律的制定为何如此之难。近年来，我国反腐败国际追逃追赃斗争风起云涌。2017年12月29日，十二届全国人大常委会第三十一次会议公布了《国际刑事司法协助法（草案）》，虽然在征求意见过程中依然歧见纷呈，但愿该法能早日颁行，为扩大我国反腐败国际追逃追赃的成果和改善国际刑事司法协助提供强大助力。"他山之石，可以攻玉"，德国《刑事事务国际司法协助法》中译本的出版，不仅有利于借鉴国际刑事司法协助制度发达国家的立法例，也有利于与相关国家开展更有效的刑事司法协助。

　　现行的德国《刑事事务国际司法协助法》颁布于 1982 年。其背景是，一方面，德国当时与外国在刑事事务上的司法协助交流不仅在数量上急剧增长，而且还引入了许多新的制度；另一方面，有关刑事事务国际司法协助的法律必须与德国基本法的原则相适应。1930年的《引渡法》制度框架已经不能满足需要，所以德国立法机构改弦易辙，以内容更为丰富，体系更为完善的《刑事事务国际司法协助法》取而代之。

纵观整部《刑事事务国际司法协助法》，有以下几个方面的特点：首先，《刑事事务国际司法协助法》基本上是由三根支柱支撑：引渡、在本国执行国外的裁判以及在外国执行本国裁判、刑事事务的其他司法协助。同时，包含横向的司法协助即两个以上平等的国家之间的司法协助，以及纵向的司法协助即国家与国际组织、超国家组织和国际法庭之间的协助。这一体系可以在很多双边与多边关于刑事事务的司法协助条约中发现。其次，《刑事事务国际司法协助法》规定了刑事事务的无条约司法协助，即使没有国际条约，也可以进行司法协助。这一规定是在参考许多国家的刑事司法协助法的范例基础上制定的。第三，国际条约与本国法的冲突与协调一直是国际司法协助的难题。《刑事事务国际司法协助法》将重点放在国际公约与本国刑事法和宪法的衔接上，规定国际条约在可被转化为直接适用的本国法的范围中，优先于本国法；在有漏洞或需要释疑的情况中，当穷尽国际条约的解释时，重新适用该法作为规范的基本框架，且任何形式的司法协助均不得违反德国基本法的根本原则。这种灵活的处理方式颇有启发意义。

《刑事事务国际司法协助法》对于我国制定一部内容较为完备、行之有效的国际刑事司法协助法，规范和完善我国刑事司法协助体系和追逃追赃相关法律制度具有重要的参考价值。我国当前追逃追赃的刑事司法协助体系与有关国际公约的要求存在一定的差距，相关国际条约在我国法律体系中的定位模糊，与国内法的衔接不够完善，这些问题都可以借鉴《刑事事务国际司法协助法》的经验。另外，《刑事事务国际司法协助法》对于国内从事相关研究和实务工作的人员来说，也是一份颇有价值的参考资料。当然，我国在制定《国际刑事司法协助法》，完善国际刑事司法协助体系的过程中，不可能也不应当照抄照搬国外经验，而是应当坚持从我国国情出发，全面总结以往工作经验，注重《国际刑事司法协助法》以及相关制度规范与刑法、刑事诉讼法等法律以及国际公约的协调。我相信，在广大法律工作者的共同努力下，我国必能制定一部内容合理、制度完善、理念先进的《国际刑事司法协助法》，为世界法治文明贡献中国应有的智慧。

陈泽宪
2018 年 4 月于北京

目　录

法典版本截至 2017 年 1 月 5 日[*]

第一编　适用范围

第 1 条　适用范围

（1）本法调整与外国就刑事事务的法律合作而产生的所有关系。

（2）本法所指的"刑事事务"也包含因如下行为而引起的程序：该行为按照德国法是作为处以罚款的违反秩序行为，或根据外国法该行为是应予处罚的，只要对此刑事案件有管辖权的法院对这种行为都可以作出裁判。

（3）国际性条约的规定，在转化为可直接适用的本国法后，优先于本法的规定而适用。

（4）对欧盟成员国刑事事务程序的协助，适用本法。

---

[*]　1982 年 12 月 23 日联邦法律公报Ⅰ1982，第 2071 页公布，于 1983 年 1 月 1 日生效；1994 年 6 月 27 日联邦法律公报Ⅰ1994，第 1537 页公布修正版；最近一次修正为通过 2016 年 11 月 21 日联邦法律公报Ⅰ2017，第 31 页第 1 条进行的修正。（本书所有的脚注均为译者注）

第二编　引渡给外国

第2条　基本原则

（1）外国人在外国因应受刑罚处罚的行为而被追诉或被判刑者，可以根据该国主管机构出于追诉或执行因其行为而科处的刑罚或其他处罚的目的而提出的请求，引渡给该国。

（2）外国人在外国因应受刑罚处罚的行为而被判刑者，可以被引渡到另一国，只要该国接管其刑罚的执行，并且主管机构出于执行因其行为而被判处的刑罚或其他处罚的目的提出了请求。

（3）本法所指的"外国人"，是指根据《基本法》第116条第1款规定的非德国人。

第3条　出于追诉或者执行目的的引渡

（1）引渡只有在如下情况方被许可：该行为根据德国法属于实现了刑法规定的构成要件的违法行为，或对案件事实做比照德国法的变通转换后，该行为按照德国法也属于前述违法行为的。

（2）出于追诉目的的引渡只有在如下情况方被许可：该行为根据德国法可处至少1年以上自由刑处罚，或对案件事实做比照德国法的变通转换后，该行为按照德国法也会受如此刑罚处罚的。

（3）出于执行目的的引渡只有在如下情况方被许可：以追诉该行为为目的的引渡是受许可的，并且针对该行为应执行剥夺自由的刑罚；此外，请求之时，尚未执行的剥夺自由的刑罚至少为4个月或者尚未执行的剥夺自由的刑罚总和至少为4个月。

第4条　附属引渡

如果针对某行为而提起的引渡请求得到准许，对该行为人实施的其他罪行也可以连同准予引渡，即便其所实施的其他罪行：

1. 不满足第 3 条第 2 款或第 3 款的条件；或

2. 不满足第 2 条或第 3 条第 1 款的条件，因为进一步实施的行为仅受第 1 条第 2 款意义上的刑罚处罚。

第 5 条 互惠

只有根据请求国所给予的、若德国向其提出同样的引渡请求也会获准的保证，方可准予引渡。

第 6 条 政治犯罪、政治追诉

（1）针对政治犯罪或与之有关的犯罪而提出的引渡，不予许可。但如果被追诉者因既遂或未遂的种族灭绝、谋杀或者故意杀人，或者因参与前述行为（共犯）而被追诉或者受到有罪判决的，可以引渡。

（2）如果有足够充分的理由相信，被请求引渡人在执行引渡的情况下会因其种族、宗教、国籍、属于某一社会群体的身份或者其政治观点而受到追诉或者刑罚处罚的，或者其处境由于前述任一因素而会恶化的，则不得引渡。

第 7 条 军事犯罪

仅仅针对违反军事义务的行为的请求，不予引渡。

第 8 条 死刑

按照请求国的法律，引渡请求所针对的行为可受到死刑处罚，只有在请求国就此保证不科处或不执行死刑的情况下，才允许引渡。

第 9 条 法院管辖权之竞合

德国法院对某行为同时具有管辖权，如下情况不得引渡：

1. 在本法的适用范围内某个法院或机构，因被追诉者的行为对其作出了已经发生相应法律效力的决定拒绝开启审判程序的判决或裁定（《刑事诉讼法》第 204 条），或驳回提起公诉的申请（《刑事诉讼法》第 174 条），或因满足一定的命令与指示而中止诉讼程序（《刑事诉讼法》第 153 条 a），或根据《少年刑法》不予或中止诉讼程序（《少年法院法》第 45、47 条）。

2. 根据德国法，已过追诉时效或行刑时效，或根据德国《刑罚赦免法》而免除刑罚的。

第 9 条 a 优先尊重国际刑事法院的引渡与程序

（1）如果某个国际刑事法院是根据对德意志联邦共和国也具有约束力的法律行为设立的，该法院针对被追诉者作出了生效判决或已经发生相应法律效力的裁定，或不可撤销的中止刑事程序，并且因作出该不可撤销的中止程序行为排除了他方的追诉权，不得因此行为予以引渡。如果在收到引渡请求时，上述第 1 句所指的法院正在进行刑事程序或者尚未作出上述第 1 句所指的判决，则要搁置可否引渡的裁定。不包括临时引渡（第 37 条）的情况。

（2）如果外国以及前述第 1 款第 1 句所指的法院出于刑事追诉或刑罚执行目的提出移送❶被追诉者的请求（请求竞合），而且法院据以提交移送请求的行为的相关文件中或其施行规定中包含了有关处理多重请求的法律规则，则根据这些法律规则处理请求竞合。如果据以设立法院的相关文件或其施行规定中没有有关处理请求竞合的法律规则，但是据以设立法院的相关文件允许该法院的程序优先于外国之程序的，优先考虑该法院的移送请求。

第 10 条 引渡的文件材料

（1）引渡只有在如下情况方予许可：已经提交了因犯罪行为的逮捕令，具有相应法律效力的文书或者由请求国的主管机构签发的可执行的、剥夺人身自由的令状，以及对可适用的法律规定的叙述。如果是出于追诉多个行为而提出引渡请求，其他行为的方面，请求国的主管机构就此行为出具逮捕令或具有相应终极效力的文书就已经足够，只要出具反映归咎于被追诉者的行为的文

---

❶ 国家应国际刑事司法机构的要求，把犯罪嫌疑人交付该法庭审判，这种交付不是引渡，而是移送或者移交，因为引渡是国家间的司法协助行为。参阅朱文奇：《现代国际法》，商务印书馆 2013 年版，第 154、156 页。

书，即可。

（2）如果案件的特殊情节能够为审查被追诉者是否犯下被追诉的行为提供充分的理由，只有在能够充分反映有犯罪事实嫌疑的情况下，方可准予引渡。

（3）出于执行由第三国科处的刑罚或其他处罚的目的的引渡，只有提供如下文件，方可准予引渡：

1. 由第三国签发的可执行的、剥夺人身自由的令状和出具的同意由接管执行权的国家予以执行的文件；

2. 由接管执行权的国家的主管机构出具的证明文件，证明该刑罚或其他处罚在该国是可执行的；

3. 对可适用的法律规定的叙述；以及

4. 在上述第 2 款的情况，出具本条所指的特殊情节的叙述。

第 11 条　特定性原则

（1）当如下条件得到保证时，方准予引渡：

1. 未经德国同意，请求国不得以任何在其移交前就已经产生的理由处罚被追诉者，但使其之引渡得到准许的行为除外；也不得对其人身自由加以限制或通过缺席就不能采取的措施来对其加以追诉；

2. 未经德国同意，被追诉者不得被进一步引渡、移交、驱逐到第三国；以及

3. 引渡被追诉者的程序终局性结束后，同意被追诉者离开请求国。

（2）特定性原则对请求国的约束只有在如下情况方可松动：

1. 针对其他的行为（第 35 条）进行的追诉、执行刑罚或其他处罚，以及将被追诉者进一步引渡、移交、驱逐到其他国家（第 36 条）的行为，已取得德国同意。

2. 被追诉者在使其之引渡得到准许的程序终局性结束之后的 1 个月内有权并有可能离开，但并未离开请求国。

3. 被追诉者在离开请求国之后又回到该国，或被第三国遣

返回该国。请求国出于为引渡请求做准备的目的，根据第 35 条讯问被追诉者的权利不受影响。

（3）未附加限制被追诉人行动自由的有条件释放，与根据本条第 1 款第 3 项，第 2 款第 1 句、第 2 项规定的程序的终局性决定有同等效力。

第 12 条　准许引渡

除第 41 条的情况外，引渡只有在法院宣告准许时，才能得到同意。

第 13 条　事务性主管

（1）除第 21、22 条和第 39 条第 2 款的规定的情况外，州高等法院具有主管权。州高等法院的裁判具有终审效力。

（2）州高等法院的检察官准备有关引渡的裁判，并执行获准的引渡。

第 14 条　地域性主管

（1）在被追诉者因引渡的目的而被抓捕之地区的州高等法院以及州高等法院的检察官拥有地域性主管权，在抓捕不成功的情况下，则是被追诉人首次被发现之地区的州高等法院有地域性主管权。

（2）如果有数人被控参与同一犯罪，或包庇、冒名顶替或者窝赃而与行为相关，因此应当被引渡的情况下，若他们在不同的州高等法院的主管区域内出于引渡目的而被抓或被发现，只要其他的州高等法院尚未接手案件，首先接手案件的检察官具有地域管辖权。

（3）如果被追诉者的居住地不明，由联邦法院指定具有地域性主管权的州高等法院。

第 15 条　引渡羁押

（1）在收到引渡请求后，当

1. 被追诉者有逃避引渡程序或引渡执行之虞，或者

2. 根据确定的事实，有理由认为被追诉者有在外国程序或

引渡程序中妨碍调查真相的重大嫌疑时，

可以命令对被追诉者实施引渡羁押。

（2）第 1 款不适用于引渡从一开始就不被许可的情况。

第 16 条　临时性引渡羁押

（1）在符合第 15 条规定的情况下，可以在收到引渡请求前下达引渡羁押的命令，如果：

1. 请求国的主管机构做了这样的请求，或

2. 根据确定的事实，有理由认为某外国人有实施了使其被引渡的行为的重大嫌疑。

（2）自被追诉者被抓获或被临时性逮捕之日起，出于引渡的目的而已经关押了共 2 个月，若第 74 条所指的机关或其他有权接收的主管部门没有收到引渡请求以及有关引渡的文件材料，则应撤销引渡羁押命令。欧洲以外的国家请求临时性引渡羁押的，则以 3 个月为限。

（3）在收到引渡请求与引渡的文件材料后，州高等法院应毫不迟延地裁定是否继续羁押。

第 17 条　引渡羁押命令

（1）临时性引渡羁押以及引渡羁押，应由州高等法院以书面羁押命令（引渡羁押命令）的形式作出命令。

（2）引渡羁押命令应当包含下列内容：

1. 被追诉者，

2. 根据案件的具体情况，其被引渡到的国家，

3. 被追诉者被追诉的行为，

4. 请求或者第 16 条第 1 款第 2 句所指的证明被追诉者有实施了使其被引渡的行为的重大嫌疑的事实；以及

5. 羁押理由和支持该理由的事实。

第 18 条　缉捕措施

在引渡请求已经收到而被追诉者下落不明的情况下，可以采取必要的措施来确定被追诉者的下落以抓捕被追诉者。下达具体

的通缉措施的命令不需要特别请求。州高等法院的检察官有权签发通缉令。发布通缉令时可比照适用《刑事诉讼法》第 9a 章的相应规定。❶

第 19 条　临时性逮捕

如果满足引渡羁押命令之条件，检察官以及警察机构有权临时拘捕被追诉者。如果符合《刑事诉讼法》第 127 条第 1 款第 1 句所规定之条件，任何人有权对其进行临时性逮捕。

第 20 条　告知

（1）逮捕被追诉者时，必须告知其被捕理由。

（2）已签发之引渡羁押命令，必须毫不迟延地告知被追诉者。被追诉者应当收到一份副本。

第 21 条　根据引渡羁押命令执行拘捕之后的程序

（1）根据引渡羁押命令拘捕被追诉者后，应当毫不迟延地在拘捕后的 1 天内，解送被拘捕人至最近的初等法院的法官处。

（2）初等法院的法官应当毫不迟延地在被追诉者被解送到后的 1 天内，讯问被追诉者的人身关系，尤其是国籍。法官必须向其说明，他在程序的任何阶段都有获得辅佐人法律帮助的权利（第 40 条），享有供述或不供述对他的指控乃至保持沉默的自由。然后法官还应当询问他是否，以及以何等理由对引渡、引渡羁押命令及其执行提出异议。在第 16 条第 1 款第 2 项的情况下，还要包括对指控的内容的讯问；在其他情况下，被追诉者对此自愿作出的供述应当记入笔录。

（3）如果在讯问中发现：

1. 被拘捕者并非引渡羁押命令所涉及的人，

2. 引渡羁押命令被撤销，或者

3. 引渡羁押命令被中止执行。

初等法院的法官应当下令释放被拘捕者。

---

❶　即《刑事诉讼法》第 131～132 条。

（4）如果引渡羁押命令被撤销或中止执行，初等法院的法官可以下令继续羁押被追诉者，直到州高等法院的法官作出裁判，如果：

1. 具备因同一行为而签发新的引渡羁押命令的条件，或者

2. 存在下达执行引渡羁押命令的理由，

州高等法院的检察官应毫不迟延地敦促州高等法院作出裁判。

（5）如果被追诉者对引渡羁押命令及其执行或其他情况提出了异议，且该异议显然也并不是没有理由，或者初等法院的法官对羁押之延长提出异议的，该法官就此情况应毫不延迟地通知州高等法院的检察官。州高等法院的检察官应毫不迟延地敦促州高等法院作出裁判。

（6）如果被追诉者对引渡没有提出异议，初等法院的法官应告知其简易引渡的可能性及其法律后果（第41条），然后将其表示记入笔录。

（7）初等法院法官的裁决不可撤销。州高等法院的检察官可以下令释放被追诉者。

第22条　临时拘捕后的程序

（1）当被追诉者被临时拘捕后，应当毫不迟延地在拘捕后的1天内，解送被拘捕者至最近的初等法院法官处。

（2）初等法院法官应当毫不迟延地在被追诉者解送到后的1天内，讯问被追诉者的人身关系，尤其是其国籍。法官必须向其说明，他在程序的任何阶段都有获得辅佐人法律帮助的权利（第40条），享有供述或不供述对他的指控乃至保持沉默的自由。然后法官还应当询问他是否，以及以何等理由对引渡或者临时性拘捕提出异议。在此也适用第21条第2款第4句的相关规定。

（3）如果讯问表明被拘捕者不是请求拘捕的人或者是并不涉及第17条第2款第4项所指的事实的人，初等法院的法官应当立即下令释放被拘捕者。若是另外的情况，初等法院的法官可以

下令羁押其直至州高等法院作出裁判。在此也适用第 21 条第 4 款第 2 句、第 6 款与第 7 款的相关规定。

第 23 条　对被追诉者异议的裁判

被追诉者对引渡羁押命令或者命令之执行所提出的异议，由州高等法院裁判。

第 24 条　引渡羁押命令的撤销

（1）一旦临时性引渡羁押或引渡羁押的条件消失，或者引渡被宣告不予准许，应撤销引渡羁押命令。

（2）州高等法院的检察官申请撤销引渡羁押命令的，应予撤销。申请的同时必须下令释放被追诉者。

第 25 条　引渡羁押命令的中止执行

（1）如果轻微的措施能确保达到临时性引渡羁押或者引渡羁押的目的，则州高等法院可以中止引渡羁押命令的执行。

（2）在此适用《刑事诉讼法》第 116 条第 1 款第 2 句、第 4 款，第 116 条 a，第 123 条和第 124 条第 1 款、第 2 款第 1 句、第 3 款以及《少年法院法》第 72 条第 1 款、第 4 款第 1 句的相关规定。

第 26 条　对羁押的审查

（1）如果被追诉者处于引渡羁押状态，自被追诉者被抓捕或被临时性拘捕或最近一次对羁押之延长的裁判作出之日起，出于引渡的目的而已被关押 2 个月，州高等法院应当就其羁押之延长作出裁决。对羁押应该 2 个月进行一次审查。州高等法院也可以决定在更短的期间内对羁押进行审查。

（2）如果被追诉者处于临时性引渡羁押状态或者临时安置在教育机构（《少年法院法》第 71 条第 2 款），适用第 1 款的相关规定。

第 27 条　羁押的执行

（1）《刑事诉讼法》关于执行侦查羁押的规定以及第 119 条的规定比照适用临时性引渡羁押、引渡羁押和初等法院法官命令实施的羁押。

（2）州高等法院的检察官决定羁押被追诉者的收留单位。

（3）州高等法院的主管庭长签发法官的命令。

第 28 条　对被追诉者的讯问

（1）收到引渡请求后，州高等法院的检察官应向被追诉者所在地的初等法院申请对被追诉者进行讯问。

（2）初等法院的法官应当讯问被追诉者的人身关系，尤其是其国籍。法官必须向其说明，在程序的任何阶段他都有获得辩护人法律帮助的权利（第 40 条），享有自由决定供述或不供述对他的指控乃至保持沉默。然后法官还应当询问他是否，以及以何等理由对引渡提出异议。州高等法院的检察官只有在提出申请后，方可就指控的客体讯问被追诉人；与此不同，被追诉者若对指控的主体事宜自愿供述的，应当记入笔录。

（3）如果被追诉者对引渡没有提出异议，初等法院的法官应告知其简易引渡的可能性及其法律后果（第 41 条），然后将其告知记入笔录。

第 29 条　引渡许可裁决之申请

（1）被追诉者声明不同意简易引渡（第 41 条）的，州高等法院的检察官则申请州高等法院作出是否允许引渡的裁决。

（2）被追诉者声明同意简易引渡的，州高等法院的检察官也可申请州高等法院作出简易引渡的裁决。

第 30 条　裁决的准备

（1）如果用来判断是否允许引渡的文件材料不充足，州高等法院必须在给予请求国补充文件材料的机会后，才能作出裁判。对请求国可以设置补充材料的期间。

（2）州高等法院可以讯问被追诉者。可以收集有关是否允许引渡的其他证据。在第 10 条第 2 款规定的情况下，是否允许引渡的证据也包括被追诉者是否具有实施被追诉的行为的充分嫌疑。州高等法院确定证据调查的方式与范围，并不受申请、弃权或之前裁定的约束。

（3）州高等法院可以进行言词（口头）审理。

第31条　进行言词审理

（1）应告知州高等法院的检察官、被追诉者及其辩护人（第40条）言词审理的时间和地点。在言词审理中必须有州高等法院的检察官代表出庭。

（2）如果被追诉者处于羁押中，应当解送至法院，但如果他放弃出庭或者因解送地点过远、疾病或者其他不可抗拒的障碍，则可以不解送。若被追诉者不能被解送至法院接受言词审理，其辩护人必须出庭维护其权利。在这种情况下，若其没有选任辩护人，则必须指派一名律师作为其辩护人出庭。

（3）如果被追诉者的人身是自由的，州高等法院可以命令其本人出庭。若被追诉者没有合理理由拒不出庭，州高等法院可以下令将其解送到庭。

（4）在言词审理中应当听取所有庭审参与人的意见，审理情况应当记入笔录。

第32条　对是否许可引渡的裁判

许可引渡的裁定必须说明理由。应当告知州高等法院的检察官、被追诉者及其辩护人（第40条）。应当给予被追诉者一份副本。

第33条　对是否许可引渡的重新裁决

（1）在州高等法院对许可引渡作出裁决后，有新的情况出现，提供的理由足以作出另一种裁判，在州高等法院的检察官或者被追诉者提出申请的情况下，州高等法院可依其职权对许可引渡重新进行裁判。

（2）在州高等法院作出裁判后，得知新的情况，提供的理由足以作出另一种裁判，州高等法院可对是否许可引渡重新作出裁判。

（3）在此适用第30条第2、3款，第31、32条的相关规定。

（4）州高等法院可以下令延缓引渡。

第 34 条　为执行引渡而羁押

（1）获准引渡后，如果被追诉者的人身是自由的，并且还没有采取其他方法确保引渡之执行，只要还没有需要下令执行的引渡逮捕令（第 17 条），州高等法院可以以书面命令的方式下令羁押。

（2）羁押命令上应该写明：

1. 被追诉者；

2. 获准引渡的裁决；以及

3. 羁押命令据以作出的羁押理由和事实。

（3）在此适用第 18～20 条和第 23～27 条的相关规定。

第 35 条　引渡准许的扩大

（1）如果引渡已经执行，并且被追诉者被引渡到的请求国提出请求，要求同意其对被追诉者其他的行为进行追诉或者执行刑罚或者其他处罚的，若为如下情况，可以许可：

1. 已经证明，被引渡者有机会对该请求表达意见，而且州高等法院裁判，对这种行为是可以允许引渡；或者

2. 已经证明，被引渡者在请求国同意追诉或者执行刑罚或其他处罚的表示已经记入该请求国法官的笔录，而且该行为是可以允许引渡的。

欲申请同意追诉的，请求国的主管机构应当出具描述被追诉者借以被追诉的行为的文书，而不用出具拘捕令或具有相应终极效力的文书（第 10 条第 1 款第 1 句）。

（2）在符合如下条件时适用第 29 条的规定：不用被追诉者对简易引渡的同意，比照适用第 1 款、第 2 款第 1 句，以及第 30 条第 1 款，第 2 款第 2～4 句，第 3 款，第 31 条第 1 款与第 4 款，第 32 条，第 33 条第 1、2 款的相关规定所指的同意。根据第 1 款第 1 句第 1 项，在引渡程序中对是否许可引渡曾作出裁判的州高等法院，也有权对此扩大事宜作出法院裁判。

第 36 条　进一步引渡

（1）在引渡执行后，另一外国的主管机构因使引渡获准的行

为或者其他行为而请求将被引渡人进一步引渡，或出于执行刑罚或者其他处罚或者驱逐目的而移交被引渡人的，则在符合如下条件时适用第 35 条第 1 款第 1 句与第 2 款的规定：将被追诉者继续引渡去的或者移交到的该国，对于因该行为的引渡必须能给予许可。

（2）引渡尚未被执行时，被引渡人将会被继续引渡或者移交到的该国因该行为应会许可引渡的，可以根据以第 1 款所指的方式提出的请求作出同意。对于该程序，适用第 28～33 条的相应规定。

第 37 条　临时性引渡

（1）如果获准的引渡被中止，是因为在本法的适用范围内针对被追诉者启动了刑事程序，或者要执行自由刑或者一种剥夺自由的矫正和保安处分措施，可以临时性地引渡被追诉者，只要请求国的主管机构提出了这一请求并且保证在确定的时间点或应德国要求把被追诉者又遣返回德国。

（2）把被追诉者又遣返回德国的要求，也可以放弃。

（3）在使引渡中止的程序中，如果被追诉者被判处自由刑或者罚金，他在请求国已经接受剥夺自由的刑期，截至其被遣返或放弃遣返之日，应予以抵扣。如果要对被追诉者执行自由刑而中止引渡的，适用第 1 句的相关规定。

（4）根据第 3 款进行抵扣的主管机关应当在听取州高等法院的检察官的意见之后，根据其裁量权决定抵扣的标准。它可以下令不予全部或部分之抵扣，如果：

1. 在请求国所经历的剥夺自由，在该国科处或者执行的刑罚或其他处罚中已经做了全部或者部分折抵的；或

2. 鉴于被追诉者在被移交后的行为，抵扣显然是不合理的。

第 38 条　引渡程序中物品的移交

（1）即便请求国没有作出特别请求，与引渡有关的物品，也可以移交给该国，该物品是：

1. 可以作为证据材料服务于外国的程序的；或者

2. 被追诉者或者共犯通过其使得引渡获准的行为所得的物品或者对价。

（2）只有在保证第三方的权利不受侵害，并且作出这样的保留：移交的物品在请求时能毫不延迟地予以返还，移交方予准许。

（3）获准的引渡由于事实上的原因，不能执行，符合第1款和第2款规定之条件的物品，仍可予以移交。

（4）州高等法院根据被追诉者的异议、州高等法院的检察官的申请以及主张其权利会因移交而受损害的人的申请，裁定是否准许移交。州高等法院宣告允许移交的，可以要求申请裁判的人向国库缴纳由此产生的费用。州高等法院宣告不准移交的，不得移交。

第39条　扣押和搜查

（1）被认定为要移交给外国的物品，可以是在接收到引渡请求之前予以扣押的，或者采取保全措施的物品。也可以进行为此目的的搜查。

（2）如果州高等法院没有开始引渡程序，则由在其管辖区内实施扣押与搜查的初等法院下令扣押和搜查。

（3）有延误之危险时，由检察官及其侦查人员（《法院组织法》第152条）有权下令扣押和搜索。

第40条　辩护人

（1）被追诉者在程序的任何阶段都有获得辩护人的法律帮助的权利。

（2）对尚未选任辩护人的，如果：

1. 在根据第8编第2章进行的程序中，特别是对是否满足第80条和第81条第4项规定的条件有疑问时，因事实或法律方面的困难，需要辩护人参与的；

2. 被追诉者自己明显不能充分保护自己的权利；或者

3. 被追诉者尚不满 18 周岁，

应指派一名律师作为其辅佐人。

（3）在此适用的《刑事诉讼法》第 1 编第 11 章除第 140 条、第 141 条第 1～3 款、第 142 条第 2 款外的相关规定。

第 41 条　简易引渡

（1）根据外国主管机构的引渡或出于引渡的目的而进行临时性抓捕的请求，可以对已受令引渡羁押的被追诉者不经形式上的引渡程序而准予引渡，只要告知被追诉者这一情况后，他表示同意简易引渡，而且将这一同意载入笔录。

（2）在第 1 款规定的情况下，可以不适用第 11 条的规定，只要告知被追诉者这一情况后，他表示同意，而且将这一同意载入法官笔录。

（3）作出的同意不可撤回。

（4）初等法院的法官根据州高等法院的检察官的申请，告知被追诉者可以选择被简易引渡及其法律后果（上述第 1～3 款），然后将其表示记入笔录。被追诉者居住地的初等法院的法官主管简易引渡。

第 42 条　联邦法院的上诉

（1）如果出于澄清法律问题之基本含义的目的，州高等法院认为联邦最高法院有必要作出裁判，或者如果州高等法院可能偏离联邦最高法院的裁决，或者偏离本法生效后另一州高等法院就引渡事项的法律问题作出的裁决，那么，州高等法院就可以提出有理由的见解，并且申请联邦最高法院就此法律问题作出裁决。

（2）联邦检察总长以及州高等法院的检察官也可申请联邦最高法院作出裁判来澄清法律问题。

（3）联邦最高法院应该给予被追诉者表达自己意见的机会。不经言词审理，即可作出裁判。

第三编　过境引渡

第 43 条　过境引渡之许可

（1）因其行为在国外应受刑罚处罚而被该外国追诉或被判有罪的外国人，可以根据该国主管机构出于追诉或执行因其行为而科处的刑罚或其他处罚的目的而提出的请求，在本法适用领域内过境引渡。

（2）因其行为在国外应受刑罚处罚而被判有罪的外国人，可以根据执行移管的另一外国主管机构的请求，出于执行因其行为而科处的刑罚或其他处罚的目的，在本法适用领域内过境引渡。

（3）只有在如下情况，过境引渡方予准许：

1. 据以请求的行为按照德国法的规定，应受自由刑之处罚，或对案件事实做比照德国法的变通转换后，该行为按照德国法也应受自由刑处罚的；以及

2. 因据以请求的行为：

a）在第 1 款规定的情况下，第 10 条第 1 款第 1 句所指的书面证据和材料已提交；或者

b）在第 2 款规定的情况下，第 10 条第 3 款第 1～3 项所指的文件材料已提交，

在因多项行为而提出过境引渡时，据以请求的行为中只需有一项满足第 1 项所规定的条件，即可。

（4）对于过境引渡，比照适用第 6～8 条的相关规定。

第 44 条　主管

（1）州高等法院作出审判裁决。适用第 13 条第 1 款第 2 句、第 2 款的相关规定。

（2）地域主管：

1. 在通过陆路或海路进行过境引渡的情况下，由被追诉者预计入境地所在区域的高等法院管辖。

2. 在通过空路进行转送的情况下，由第一次中途经停地所在区域的高等法院管辖。

（3）如果第 2 款第 2 句的管辖不能成立的，则由美因河畔法兰克福的州高等法院行使管辖权。

第 45 条　过境引渡程序

（1）获准过境引渡的，必须将被追诉者羁押以确保引渡。

（2）州高等法院通过书面羁押命令（转送羁押命令）下令羁押。此处比照适用第 17 条第 2 款、第 30 条第 1 款的相关规定。

（3）只有过境引渡羁押命令业已下达之时，过境引渡才可获准。

（4）被追诉者一旦进入本法的适用领域，应当毫不迟延地向其宣告转送羁押命令。被追诉者可以得到一份副本。

（5）如果预计在第二天结束前不能完成转送的，在进入本法的适用范围内的第二天，应当毫不迟延地解送被追诉者到最近的初等法院的法官处。初等法院的法官应当讯问被追诉者的个人情况，尤其是国籍。法官必须向其说明，其在程序的任何阶段都有获得辩护人的法律帮助的权利（第 40 条），享有供述或者不供述针对他的指控乃至保持沉默的自由。并且，法官还应当询问其是否以及以何等理由对过境引渡羁押命令或者过境引渡许可提出异议。如果被追诉者提出了异议，且该异议并非明显无理由的，或者初等法院的法官对羁押之继续或者转送之许可提出异议的，初等法院的法官应当立即以最快的方式通知州高等法院的检察官。州高等法院的检察官应毫不迟延地敦促州高等法院作出裁决。

（6）在此适用第 24、27 条，第 33 条第 1、2、4 款，第 40、42 条的相关规定，同样在符合如下条件时也适用第 26 条第 1 款的相关规定：第 26 条第 1 款中 2 个月的期间在此变为 1 个月的期间。

（7）过境引渡收到的物品，即便在没有特别请求的情况下，也可连同被追诉者一并移交。

第 46 条　临时性引渡中的过境引渡

（1）根据请求国的主管机构的请求，如果获准过境引渡，出于执行临时性引渡与随后的返回引渡的目的，可以通过本法适用领域内进行转送。

（2）在第 1 款规定的情况下，转送羁押命令也应延展及下一步的移交事宜。

第 47 条　空路运送时不曾料到的中途经停

（1）如果外国的主管机构预先通知，其将出于引渡的目的，通过空路以不中途经停的方式运送一名外国人穿越德国主权辖区，而且已预先告知，按照第 43 条第 3 款第 1 句第 2 项、第 2 句的规定提交了足够的文件材料，在出现不曾料到的中途经停的情况下，则该通知被视为过境引渡请求处理。

（2）在满足第 1 款规定的条件时，检察官以及警察部门的官员有权下令临时性拘押。

（3）被追诉者应当毫不迟延地，最迟在拘押后第二天被解送到最近的初等法院的法官处。初等法院的法官应当讯问被追诉者的人身关系，尤其是他的国籍。初等法院的法官必须向其说明，其在程序的任何阶段都有获得辩护人的法律帮助的权利（第 40 条），享有供述或者不供述对他的指控乃至保持沉默的自由。并且法官还应当询问他是否以及以何等理由对转送或者拘押提出异议。

（4）如果在讯问中发现被解送者并非通知中所指之人，初等法院的法官可以下令释放。其他情况下，初等法院的法官也可以下令羁押其至州高等法院作出裁判时为止。此处相应适用第 21 条第 4 款第 2 句第 7 款的规定。

（5）转送羁押命令也可在收到第 43 条第 3 款第 1 句第 1 项

所列的文件材料之前下达。该命令必须毫不迟延地向被追诉者宣告。被追诉者应当收到一份副本。

（6）在被追诉者被临时性拘捕后，出于过境引渡的目的已被羁押了 45 日也未收到过境引渡的文件材料，应当撤销转送羁押命令。如果欧洲以外的国家根据第 1 款对运送做了通知，那么该期限是 2 个月。

（7）收到转送的文件材料后，州高等法院的检察官应向被追诉者所在地的初等法院的法官申请对被追诉者进行讯问。在此适用第 45 条第 5 款第 2～4 句的相关规定。然后，州高等法院的检察官应当申请州高等法院就是否维持过境引渡羁押命令作出裁判。

（8）州高等法院维持转送羁押命令的，转送方可获准。

第四编　执行外国裁决的司法协助

第 48 条　基本原则

刑事案件程序方面的司法协助可以通过执行在外国科处的已经生效的刑罚或其他处罚的方式予以提供。本法第四编也适用于追缴和没收命令的执行，该命令是外国法院依据应受处罚的行为作出的即可，不必一定要由行使刑事案件管辖权的法院作出。

第 49 条　获准的其他条件

（1）只有在如下情况，才能获准执行：

1. 存在完整的、生效的、可执行的裁决；

2. 外国作出裁决的程序与 1950 年 11 月 4 日《欧洲保护人权与基本自由公约》及其在德国有效的附加议定书的规定相符；

3. 虽然存在某些程序障碍，但根据德国法以及对案件事实做比照德国法的变通转换后，针对外国裁判据以作出的行为：

a）能够科处刑罚、矫正和保安处分措施或罚款的；或

b）在应当执行追缴和没收命令的案件中，不考虑《刑法典》第 73 条第 1 款第 2 句的规定，能够作出此类命令的。

4. 除非存在应当执行追缴与没收命令的案件，而且这一命令根据《刑法典》第 76 条 a 的规定能够独立作出，否则不得作出第 9 条第 1 款所指的那种裁判；以及

5. 根据德国法执行未过时效或者对案件事实做比照德国法的转换变通后执行也未过时效的。在如下情况中，即便已过时效，仍可准许执行追缴或者没收命令：

a）追缴与没收命令据以作出的行为不适用德国刑法的；或者

b）如果对案件事实做比照适用《刑法典》第 76 条 a 第 2 款第 1 项，也可以作出此等命令的。

（2）如果在外国已经科处了剥夺自由的处罚，而且被判决者仍在该国的，执行只能在如下情况中方可允许：被判决者在被告知后表示同意，该同意被记入外国法官的笔录或授权出具意思表示证明书的德国职业领事官员的记录的。该同意不可撤销。

（3）具有德国国籍的人在外国被判处的剥夺自由的处罚的执行，在被判决者提出申请时，可以偏离第 1 款第 2～5 项的规定，在考虑被判决者的利益的情况下例外地得到准许。被判决者根据第 1 句而提出的申请，必须记入法官笔录；在被判决者确定在国外时，必须记入授权出具意思表示证明书的职业领事官员的记录中。申请不可撤回。事先应当告知被判决者其申请的法律后果及其不可撤回性。如果不存在第 1 款第 3 项所指的条件，则根据第 54 条第 1 款进行的处罚转换的最高限度为剥夺自由 2 年。

（4）如果在本法的适用领域内，有效的法律处罚与外国科处的处罚在种类上不一致，不得允许执行。

（5）外国有关追缴与没收的命令作出的裁判如果涉及第三方权利，如果不存在如下情况，该裁判具有约束力：

a）没有给予第三方充分主张其权利的机会；或者

b）裁判与本法的适用领域内就同一事项所做的民事裁决不相一致的；或者

c）裁判涉及第三人享有位于德国的不动产或者房地产所有权的；第三方权利也包括预告登记权利。

（6）如果根据《基本法》第 59 条第 2 款，通过法律批准的国际协定对此做了规定的，那么，剥夺或中止权利，禁止或者丧失权利资格的命令效力，可以扩展到本法的适用范围内。

第 50 条　案件主管

州法院对外国裁判是否具备可执行性作出裁决。州法院的检察官为裁决做准备。

第 51 条　地域主管

（1）有关对外国裁决是否具备可执行性之裁判的地域管辖权，根据被判决者的住所确定。

（2）如果被判决者在本法的适用领域内没有住所，管辖权根据其经常居住地确定，或经常居住地不明时，根据其最近一次的居住地确定，否则就是其被拘捕地，如果拘捕未果，就是其第一次被发现地。对于仅执行追缴、没收、罚金或罚款的命令的案件，只有与追缴或者没收有关之物品所在地的法院具有管辖权，或者，追缴或者没收尚未确定具体的物品以及执行罚金或者罚款的情况下，被判决者财产所在地的州法院具有管辖权。被判决者的财产位于不同的州法院管辖地区的，由首先接手的州法院管辖，或者还没有州法院接手的，就由首先接手的检察官所在之州法院行使管辖权。

（3）如果还不能确定管辖权，则根据联邦政府所在地来确定管辖。

第 52 条　裁决的准备

（1）如果提交的文件材料不足以判断是否准予执行外国裁判，在已经给了外国补充提交文件材料的机会后，法院才能作出裁判。

（2）在此适用第 30 条第 1 款第 2 句，第 2 款第 2、4 句，第 3 款，第 31 条第 1 与第 4 款的相关规定。被判决者身处本法的适用领域的，也适用第 30 条第 2 款第 1 句，第 31 条第 2、3 款的相关规定。

（3）在执行外国的追缴或者没收的案件中，根据案件的情况，被判决者与第三方可能对执行标的主张权利的，必须在裁判前给予其表达意见的机会。

第 53 条　辩护人

（1）在执行外国的追缴或者没收的案件中，根据案件的情况，被判决者与第三方可能对执行标的主张权利的，在程序的任何阶段，他都可以获得辩护人的法律帮助。

（2）对尚未选任辩护人的被判决者，应指派一名律师作为其辩护人，如果

1. 因事实或法律方面的困难，需要辩护人参与帮助的；

2. 被判决者自己明显不能充分保护自己的权利的；或者

3. 被判决者被羁押于本法的适用领域以外的地方，并且其是否能充分地行使自己的权利有疑问的。

（3）在此适用《刑事诉讼法》第一编第 11 章除第 140 条、第 141 条第 1～3 款、第 142 条第 2 款以外的相关规定。

第 54 条　外国处罚的转换

（1）只要外国裁决的执行获准，就可宣告该裁判是可执行的。与此同时，在其中科处的处罚应转换为德国法上与其最相应的处罚。处罚的程度依外国的裁决为准；但是不得逾越本法的适用范围内对该行为应予处罚的最高上限。如果行为在本法的适用领域内有如下情形，则以剥夺 2 年自由的最高上限代之：

1. 应处最长为 2 年的自由刑的；或者

2. 属于违反秩序而应科处罚款的，但是，按照第 2 句的规定，外国的处罚应转换为剥夺自由的处罚的。

（2）在将罚金或者罚款进行转换时，以外国货币计算的金额应按照外国裁判作出时与欧元的兑换汇率进行换算。

只要涉及特定物品的追缴或者没收的命令应予转换，对可执行性的声明就指的是该物品。若针对特定物品不可能执行，可执行性的声明也可以指向与该物品的价值相当的金额，如果：

1. 外国提出了如此请求；或者

2. 存在适用《刑法典》第 76 条的相应条件的。

如果追缴或者没收的命令规定了金额的，比照适用第 2 款的相关规定。

（3）转换针对青少年或者年轻人❶科处的处罚，适用《少年法院法》的相关规定。

（4）已经有部分在外国执行的处罚，以及已经根据第 58 条执行的羁押，都可以折抵确定的处罚。如果在对可执行的裁判中未予折抵或者后来才具备折抵的条件的，则要作出补充裁决。

第 54 条 a　长期剥夺自由的处罚的执行

（1）如果裁判国提出了这样的条件：在移交具有德国国籍的人之后，剥夺自由的处罚仅在德国境内执行某个确定的期间的，法院可以为了被判决者的利益例外地：

1. 偏离第 54 条第 1 款第 3 句的规定，逾越在本法的适用领域内对该行为应予处罚的最高上限确定处罚；以及

2. 根据第 57 条第 2 款执行在德国境内剩余的可执行的自由刑，必须获得裁判国对缓刑的同意。

（2）根据第 1 款的法院裁决，只有在被判决人申请时方可作出。被判决者根据第 1 句而提出的申请，必须记入法官笔录；或当被判决者确定在国外时，必须记入授权出具意思表示证明书的德国职业领事官员的记录中。申请不可撤回。事先应当告知被判决者其申请的法律后果及其不可撤回性。

（3）如果裁判国根据第 54 条第 1 款或第 54 条 a 第 1 款提出了这样的条件：在移交具有德国国籍的人之后，剥夺自由的处罚仅在德国境内执行某个确定的期间的，法院依职权可以根据律师或被判决者的申请对根据第 1 款作出的裁决作出重新裁决。

第 55 条　对可执行性的裁决

（1）州法院通过裁决确定裁判的可执行性。只要外国裁判被宣告为可以执行，就要以裁决的形式认可要执行的处罚之该外国裁判并给出要执行的处罚的方式和程度。

---

❶　德语中的"Heranwachsenden"包括 18 周岁以上 21 周岁以下的成年人，因此本书将其翻译为"年轻人"。

（2）州法院的检察院、被判决者、在执行外国的追缴或没收命令的案件中对物品主张了权利的第三方，针对州法院的决议，可以立即提出抗告。其后的程序适用第 42 条的相关规定。

（3）法院的生效裁判应当以副本递送的正式方式送达联邦中央登记署。这一规定不适用于将外国裁判中的处罚转换为罚款或者生效裁判仅仅与追缴或者没收命令有关的情况。外国裁判在联邦中央登记署进行登记录入时，对可执行性的裁决要在录入时注明。在此适用《联邦中央登记法》第 12～16 条的相关规定。

第 56 条　司法协助的准许

（1）只有当外国裁判被宣告为具备可执行性时，方可准许司法协助。

（2）准许司法协助的裁判必须送达联邦中央登记署。在此适用第 55 条第 3 款第 2～4 句的相关规定。

（3）罚金或者自由刑获准执行的，不得根据德国法再行追诉。

（4）对执行追缴或者没收命令的准许，等同于《刑法典》第 73 条、74 条意义上的具有法律效力的命令和裁判。在此适用《刑事诉讼法》第 439 条的相关规定。

第 56 条 a　对受害人的补偿

（1）在国内如果对被判决者的个人财产执行了来自国外的追缴命令的，受外国命令据以作出的犯罪行为之害的受害人可以提出申请，从国库中获得补偿，如果：

1. 德国的或者外国的法院，针对被判决者作出了有关损害赔偿请求权的生效判决，或通过强制执行令让被判决者负担了支付义务；

2. 强制执行令在本国可执行；

3. 受害人证明，强制执行令包括追缴命令据以作出的犯罪行为所造成的损害；并且

4. 受害人证明，其不能从强制执行令的执行中获得完全的

赔偿。

所给予的补偿应当与让渡的损害赔偿请求在数额上相吻合。

（2）根据《刑法典》第73条e第1款第2句，如果受害人的权利继续存在的，不得给予补偿。

（3）补偿的范围以在国内执行追缴财产价值命令后德国国库所剩余的之金额为限。如果有多名受害人根据第1款提出请求的，则根据其提出请求的顺序确定补偿。若同一天提出请求的，而剩余金额不足以全部补偿这些人时，则根据请求损害赔偿额度的大小按比例给予补偿。

（4）申请应向主管执行的机关提出。申请在能够用于补偿的财产执行6个月之后提出的，负责执行的机关可以拒绝该申请。执行机关可以设置适当的期间，让受害人在此期间内提交必要的文件材料。

（5）针对执行机关的决定，可以向民事法院请求法律救济。

第 56 条 b　使用、返还与分配被扣押财产的协议

（1）在保证互惠的前提下，负责准许的主管机关可以与外国负责具体案件的主管机关就执行追缴或者没收而来的财产的使用、返还与分配达成协议。

（2）与 2016 年 7 月 31 日修正的《防止德国文物外流法》（BGBl. I S. 1914）第 1～10 条所指的国家文物相关的协议，需要征得德国联邦政府文化和媒体事务最高主管机构的同意。

第 57 条　执行

（1）只要外国同意执行，司法协助在获准后，根据第 50 条第 2 句具有主管权的检察院作为执行机关，负责执行。被转换为《少年法院法》上的处罚之执行管辖权，根据《少年法院法》的规定来确定。

（2）对剥夺自由的处罚的剩余部分，可以暂缓执行并交付考验。在此适用《刑法典》的相关规定。在之前的自由刑中，如果已经服役刑罚的 2/3，而且不低于 15 年的，附加适用《刑法典》

第57条 a 第1款第1句第2项以外的规定。

（3）根据第2款的裁判和缓刑交付考验的事后裁判，由《刑事诉讼法》第462条 a 第1款第1、2句规定有管辖权的法院作出，在根据该条不能确定管辖权时，则由第50条规定的有管辖权的法院作出裁判。

（4）转换后的处罚的执行，按照德国对科处的相应处罚可适用的规定来执行。

（5）如果被判决者提交文书或以其他方式通知执行机构，证明金额已经在其他国家执行过了，则要中止或限制金额的执行。

（6）如果外国的主管机构通知执行的条件已不存在，则应停止执行。

（7）如果外国的追缴命令已经执行，而且有线索表明，某个已知姓名的人可能会针对被判决者就命令据以作出的行为导致的损害提出损害赔偿请求，执行机构应当毫不迟延地以普通信函投递到最后获知的地址的方式，告知该人享有第56条 a 所规定的权利。如果超过第56条 a 第4款第2句所规定的期间，则不必通知。

第57条 a 执行费用

被判决者承担执行费用。如果移交是根据其同意进行的，其也必须承担移交的必要费用。如果鉴于被判决者的个人经济关系与在外国的羁押条件，存在无法克服的困难的，不得强制收取。

第58条 执行保障

（1）如果存在第49条第1款第1项意义上的完全、有效、可执行的裁判，或者在收到此种请求之前，请求国的主管机构在告知了受审判的违法行为、犯罪时间与地点以及对被判决者尽可能准确的描述之后提出请求的，可以下令出于确保执行剥夺自由的处罚的目的，对被判决者进行羁押，当基于确定的事实：

1. 能够证明，他有逃避判断是否可执行的程序和执行程序的嫌疑；或者

2. 能够证明，他以不正当的方式在判断是否可执行的程序中有妨碍对真相侦查的重大嫌疑。

（2）根据第 50 条的规定具有管辖权的法院作出羁押的裁判。在此适用第 17、18、20 条，第 23~27 条的相关规定。此时相应的主管法院应是州法院而不是州高等法院，是州法院的检察院而不是州高等法院的检察院。针对州法院的裁决，允许提出抗告。

（3）对于执行罚金、罚款或者追缴、没收命令的案件，或对在收到根据《刑事诉讼法》第 111 条 b 至第 111 条 d 采取保全措施的请求之前，外国的主管机构在告知了受审判的违法行为、犯罪时间与地点以及对被判决者尽可能准确的描述之后提出请求的案件，适用第 67 条第 1 款的相关规定。对在外国的没收或者追缴裁判的准备，可能涉及相应金钱价值的，在符合第 66 条第 2 款第 1 项的条件下，可以根据《刑事诉讼法》第 111 条 b 至第 111 条 d 的规定采取保全措施。

（4）如果执行从一开始就是不允许的，不适用第 1 款和第 3 款。

第五编　其他司法协助

第 59 条　司法协助的许可

（1）根据外国主管机构的请求，在刑事案件上还可以提供其他的司法协助。

（2）第 1 款所指的司法协助，是指任何能够保障刑事案件的外国程序的支持，该外国的程序是由法院还是由行政机构运作，以及司法协助行为是由法院还是由行政机构来进行，在所不问。

（3）只有在相应的案件中也能够为德国法院或行政机构提供司法协助的条件下，才可提供司法协助。

第 60 条　提供司法协助

如果负责准许司法协助的主管机构认为提供司法协助的条件已经具备的，司法协助的主管机构受此决定的约束。第 61 条的规定不受影响。

第 61 条　法院裁判

（1）对提供司法协助有管辖权的法院，认为提供司法协助的条件尚不具备时，应说明理由，而且申请州高等法院就此问题作出裁判。州高等法院根据州高等法院的检察院的申请，或在第 66 条的情况下根据主张返还会损害其权利的人的申请，裁判供司法协助的条件是否具备。州高等法院的程序，适用第 30 条，第 31 条第 1、3、4 款，第 32 条，第 33 条第 1、2、4 款，第 38 条第 4 款第 2 句，第 40 条第 1 款以及《刑事诉讼法》第一编第 11 章除第 140～143 条以外的相关规定。下一步的程序适用第 42 条的相关规定。

（2）在其地区内提供或应当提供司法协助的法院或州高等法

院所在地的检察院行使地域主管权权。在不同的州高等法院管辖地区内将进行或已经进行司法协助行为的，由首先介入的州高等法院管辖，或在没有其他州高等法院接手的情况下，由首先介入的州高等法院所在地的检察院行使管辖权。

（3）州高等法院的裁判对提供司法协助具有管辖权的法院或行政机构，具有约束力。

（4）当州高等法院裁决，提供司法协助的条件尚不具备时，不得准许司法协助。

第 61 条 a 未经申请的数据传输

（1）法院和检察院可以在未经其他国家提出申请的情况下，将通过刑事程序侦查所得的与个人有关的数据传输给其他国家、国家间的或超国家机构的公共部门，只要：

1. 未经申请的传输到德国法院或检察院是得到许可的。

2. 存在如下使传输因其必要性而得到认可，从而被正当化的事实：

a）为了准备接收国对按照本法以最低为 5 年以上的自由刑相威胁的行为进行刑事追诉或执行刑罚而提出的请求，而且这一请求如果提出，对其提供司法协助的条件均已具备。或

b）为了防止在个案中存在的对国家的存在或安全，对个人的身体、生命或自由，对牵涉公共利益的具有重要价值的物品的威胁，或为了阻止上述 a 中所指的犯罪行为的。以及

3. 数据被传输到的机构，对第 2 项规定的措施具有管辖权的。

如果接收国具有适当的数据保护标准予以保障，那么在符合如下条件时适用第 2 款第 1 句第 2 项 a 目中的规定：按照本法以最低为 5 年以上的自由刑相威胁的行为可以由相同程度的行为替代。

（2）数据传输受如下条件的约束：

a）根据德国法，删除的期限与删除审查的期间必须得到

遵守；

　　b）被传输的数据仅根据传输时的目的而使用；并且

　　c）被传输的数据在出现第 4 款规定需要通知的情况时必须毫不迟延地删除或更正。

　　（3）只要对法院或检察院来说很明显——传输的数据个案中当事人值得保护的利益超过了特别公共利益的，就应当停止传输该数据；接收国合适的数据保护标准也属于当事人的值得保护的利益。

　　（4）在证实不能传输与个人有关的数据或传输了与个人有关的错误数据时，应毫不迟延地通知接收方。

第 61 条 b　共同侦查组

　　（1）当国际协定有安排时，可以成立共同侦查组。在具有管辖权的德国成员的领导下，只要派遣国同意，可以委任共同侦查组中的由外国派遣的某成员负责侦查措施的执行。

　　（2）其他人也可以根据参加国的法律规定或双边协议参加共同侦查组。

　　（3）参加共同侦查组的官员可以直接向受外国派遣的成员或其他参加人员传输在履行职务中获得的信息，包括与个人有关的信息，只要这属于共同侦查组的工作需要。

　　（4）只要根据第 3 款获得的信息要求改变其使用目的特殊协议，那么该协议在旨在使用信息的请求获准后就可得到许可。

第 61 条 c　视听讯问

　　证人与专家在虽受传讯却未参加外国司法机构以视频会议的方式进行的讯问的，既不得强迫其承担费用也不得科处秩序罚。

第 62 条　为外国程序临时性地移交到国外

　　（1）在本法的适用领域内正在接受侦查羁押、刑事监禁或根据矫正和保安处分措施的命令正在被剥夺自由的人，可以根据外国政府主管机构的请求临时性地移送到该国，在该国悬而未决的程序中充当证人接受讯问、对质或接受勘验。如果：

1. 其在接受通知后表示同意，并将该表示记入法官的笔录中。

2. 不可期待，因为移交而延长剥夺自由的期限，或让刑事程序的目的受到不利影响。

3. 得到保证：有关人员在移交期间不会受到刑罚或其他处罚的处罚，也不会受到在其缺席时不得采取的措施的追诉，在其获释后可以离开请求国。而且

4. 得到保证，有关人员在作证结束后会被毫不迟延地遣返，除非这一保证被放弃。

同意（第 1 句第 1 项）不可撤销。

（2）州高等法院的检察院准备移交并执行。剥夺自由的措施执行地的州高等法院行使地域主管权。

（3）在请求国已经执行的剥夺自由措施可以抵扣在本法的适用范围内执行的剥夺自由措施。在此适用第 37 条第 4 款的相应规定。

第 63 条　为外国程序而临时性地从外国移交

（1）在外国正在接受侦查羁押、刑事监禁或正在被执行剥夺自由的措施的人，可以根据该国政府主管机构的请求临时性地移送到本法的适用范围内作证，在作证结束后再被遣返回该国。为了保证遣返，当事人必须被羁押。

（2）羁押通过书面的羁押命令下达。在羁押命令中应当包括：

1. 当事人。

2. 当事人出庭作证的请求。以及

3. 羁押理由。

（3）羁押裁决由应当实施司法协助行为的法官作出，或由应当实施司法协助行为的机构住所所在地的初等法院的法官作出。该裁决不可更改。

（4）在此适用第 27 条、第 45 条第 4 款以及第 62 条第 2 款

第1句的相关规定。

第64条 证人的移送

（1）在外国正在接受侦查羁押、刑事监禁或正在被执行剥夺自由的措施的外国人，可以根据主管机构的请求临时性地通过本法的适用范围移送到第三国内充当证人接受讯问、对质或接受目击证人指认，在作证结束后再被遣返。

（2）为了保证遣返，当事人必须被羁押。在此适用第27条，第30条第1款，第42、44、45条第3、4款，第47条，第63条第2款的相关规定。

第65条 为执行而移送

为了执行外国科处的刑罚或其他处罚措施，而将某外国人通过本法的适用范围移送到接管执行权的其他国家的，在裁判国的主管机构提出请求的前提下，适用第43条第2～4款，第44、45、47条的相关规定。

第66条 物品的移交

（1）在外国主管机构的请求下，可以移交以下物品：

1. 可以在外国的程序中作为证据方法使用的。

2. 当事人或共犯为实施使请求据以提出的行为而使用或通过此行为而获得的。

3. 当事人或共犯通过让渡，或作为毁坏、损坏、剥夺的赔偿，或基于取得的权利或用益权而获得的物品。

4. 通过使请求据以提出的行为而制造，或为了实行或预备而使用或决定使用的物品。

（2）移交只有在如下情况中才能许可：

1. 使请求据以提出的行为，根据德国法也是违法行为，实现了《刑法典》或其他法律的以罚款为惩罚措施构成要件，或对案件事实做比照德国法的变通转换后，该行为按照德国法也属于上述违法行为的。

2. 请求国的主管机构提交了扣押令，或上述机构作出声明，

如果物品位于请求国的话，就符合扣押的条件。而且

3. 得到保证：第三方的权利不受侵害，而且保留移交的物品在提出请求的情况下能毫不迟延地予以返还的权利。

（3）根据第 1 款第 2～4 项作出的移交，只有在对物品不存在任何具有法律效力或可执行的裁决时才能许可。

（4）州法院的检察院准备关于移交的裁判并负责执行获准的移交。物品所在地的州法院的检察官行使土地管辖权。在此适用第 61 条第 2 款第 2 句的相关规定。

第 67 条　扣押和搜查

（1）对考虑移送到外国的物品，在接收到移交的请求后，可以扣押或采取保全措施。为达到这一目的，可以进行搜查。

（2）对上述物品，在符合第 66 条第 1 款第 1 项，第 2 款第 1 项的条件时也可以扣押或采取保全措施，如果在执行并未要求移送物品的请求是必要。在此适用第 1 款第 2 句的相关规定。

（3）扣押与搜查由行为执行地的初等法院下令执行。在此适用第 61 条第 2 款第 2 句的相关规定。

（4）有延误的危险时，检察院及其侦查员（《法院组织法》第 152 条）可以下令执行扣押与搜查。

第 67 条 a　与国际刑事法院、国家间或超国家机构的司法协助

只要没有特殊规定排除某规则的适用，第五编的规定也适用于与国际刑事法院或其他国家间、超国家机构在刑事事项方面的其他的司法协助。

第六编　向外国提出请求

第 68 条　遣返

（1）在本法的适用范围内，在根据国外的请求，基于随后遣返的条件，为针对其进行的刑事程序而被临时性引渡的被追诉者，只要被请求国没有放弃遣返，就应当在约定的时间点被遣返回被请求国。参与第 1 句所指的刑事程序的检察院负责遣返的命令与执行。

（2）对被追诉者，在不能保证遣返时，可以下达书面的羁押命令予以羁押。羁押命令应当包括：

1. 被追诉者。

2. 应被遣返的国家。以及

3. 使羁押命令合法化的理由。

（3）由在第 1 款第 1 句所指的刑事程序中负责对剥夺自由的措施下命令的法院作出羁押裁判。该裁判具有终审效力。

（4）在此适用第 18、19、24、25、27 条以及第 45 条第 4 款的相关规定。

第 69 条　为德国程序而临时性地从外国移交

（1）在外国正在接受侦查羁押、刑事监禁或受剥夺自由的措施的命令而被羁押的人，被临时性地移送到德国法院或德国机构，充当证人接受讯问、对质或接受目击证人指认的，可以在其在本法的适用范围停留期间出于保证遣返的目的而予以羁押。

（2）执行程序的检察官所在地的初等法院，在接手案件的情况下，由该院的法官在准备程序中作出裁判。该裁判不可更改。

（3）在此适用第 27 条、第 45 条第 4 款、第 62 条第 2 款第 1

句、第 63 条第 2 款的相关规定。

第 70 条　为德国程序而临时性地移交到外国

符合第 62 条第 1 款第 1、3、4 项的条件时，在本法的适用范围内正在接受侦查羁押、刑事监禁或根据矫正和保安处分措施的命令正在被剥夺自由的人，可以为了在本法的适用范围内进行的程序中作证的目的而临时性地移送到外国。在此适用第 62 条第 1 款第 2 句、第 2、3 款的相关规定。

第 71 条　在外国执行德国裁判

（1）可以向外国的移管，在本法的适用领域内对外国人执行科处的刑罚或其他处罚，如果：

1. 被判决者在外国有住所或经常居住地的，或因引渡请求没有提出、被拒绝或不可执行而在该国停留并没有被引渡的。或

2. 在请求国的执行对被判决者或公共利益有利的。

对被判决者的移交仅允许在出于执行剥夺自由的处罚的目的下进行；在此适用第 6 条第 2 款、第 11 条的相关规定。

（2）只要有涉公共利益，可以向外国为执行在本法的适用范围内对有德国国籍的人科处的非剥夺自由的刑罚或其他处罚提出请求。也可以向外国为执行在本法的适用范围内对德国公民科处的剥夺自由的刑罚或其他处罚提出请求，如果：

1. 被判决者在外国有住所、经常居住地或在该国停留的。

2. 被判决者因引渡请求没有提出或被拒绝或不可执行而没有被引渡的。

3. 在外国的执行，不会给被判决者带来显著的、超出刑罚目的的不利影响。

如果被判决者不在该外国，执行剥夺自由的处罚只能在如下情况中方可提出：被判决者在表示同意后，该同意被记入法官的笔录或授权出具意思表示证明书的职业领事官员的记录的。该同意不可撤销。

（3）只有在被请求国会遵守移管的撤回或限制时，方可为执

行该移管。

（4）只有在法院宣告许可在被请求国执行时方可为执行剥夺自由的处罚而提出请求。州高等法院通过裁定对是否许可作出裁判。科处要执行的刑罚或其他处罚，或根据《刑事诉讼法》第461条a第1款第1、2句对本法的适用范围内的外国人执行剥夺自由的刑罚的法院行使土地管辖权。在此适用第13条第1款第2句，第30条第2款第2、4句、第3款，第31条第1、4款，第33条，第52条第3款，第53条的相关规定。被判决者位于本法的适用范围内的，也适用第30条第2款第1句，第31条第2、3款的相关规定。

（5）只要被请求国接管了执行权并予以执行，德国的执行机构应中止执行。但如果被请求国尚未执行完毕，德国的执行机构可以继续执行。

第71条a　对扣押的财产处理、返还与分配的协议

对于在外国执行追缴与没收命令的案件，适用第56条第1款的相关规定。

第72条　条件

应遵守外国对司法协助附加的条件。

第七编　一般性规定

第 73 条　司法协助的界限

司法协助的给予与数据传输，在会违反德国法律秩序的基本原则时不得被许可。在根据第八、九、十编提出的请求，在会违反欧盟条约第 6 条所包含的原则时不得被许可。

第 74 条　联邦政府的管辖权

（1）联邦司法与消费者保护部在与业务范围涉及司法协助的外事局以及联邦政府其他部门达成一致的情况下，对外国的司法协助请求以及向外国提出司法协助请求作出决定。对司法协助的给予有管辖权的机构，如果属于联邦政府的其他部门的，该部门替代联邦政府司法与消费者保护部的地位。根据第 1、2 句具有管辖权的联邦政府部门，可以将其职权的行使委任给下属的联邦政府机构。联邦司法局对根据本法第十编第二章第 2、3 节提出的请求作出决定。

（2）联邦政府可以以约定的方式，将对外国司法协助请求的决定权和向外国提出司法协助的请求权的行使委任给州政府。州政府有进一步委任的权利。

（3）联邦刑事犯罪调查局的根据外国的请求进行数据传输、发布通缉令与身份确认的职权应遵守《联邦刑事犯罪调查局法》第 14 条第 1 款第 2 项第 1 句和第 15 条第 1～3 款的相关规定。

（4）根据第 61 条 a 与第 92 条 c 进行的数据传输也应作为第 1、2 款所指的请求。根据第 61 条 a 进行的数据传输，只要没有第 1 条第 3 款所指的国际条约的安排，就应排除根据第 2 款进行委任的可能性。

第 74 条 a　国际刑事法院、国家间或超国家机构

只要没有特殊规定排除某规则的适用，对国际刑事法院、国家间或超国家机构的刑事事项的司法协助的请求，适用第 74 条的相关规定。

第 75 条　费用

可以向外国提出放弃对司法协助的费用的偿还。

第 76 条　互惠性保证

可以向与德国的司法协助请求有关系的外国保证，其所提出的请求，只要不与本法冲突，即可满足。在此适用第 74 条第 1 款的相关规定。

第 77 条　其他程序规定的适用

（1）只要本法没有特殊的程序规定，就适用《法院组织法》及其施行法、《刑事诉讼法》《少年法院法》《税收通则》以及《违法秩序法》的相关规定；

（2）对国外程序提供法律协助时，如果存在豁免、赦免、适用于议会场所内的对搜索与扣押的同意保留，则其适用于德国的刑法或罚款程序。

第 77 条 a　电子通信与档案管理

（1）根据本法，在给予司法协助时要求有必要提交包括原件或认证过的副本在内的书面文件材料的，也可提交电子文档，只要根据第 77 条 b 的规定许可。电子文档应包括符合《签名法》的有资质电子签名，并且能够被主管机构或法院利用。这也适用于声明、申请与论证等根据本法必须采用印制的书面形式或签名的文档。

（2）符合资质的电子签名，可以以其他能够保证被传输的电子文档的真实性与完整性的其他安全方法加以替代。

（3）只要机构或法院的确定设备表示接收，电子文档即被认为收到。如果被传输的电子文档不能被利用，那么必须毫不迟延地将这一情况以及有效的技术环境的说明通知给发送者。除非根

据第 4 款不得进行档案管理，否则可以毫不迟延地对电子文档做摘要。

（4）程序档案可以以电子方式存储，只要第 77 条 b 的规定许可。勘验的文档和物品（原件），可以提交到电子文档的，而且适合提交的，在第 77 条 b 没有其他规定的情况下，可以以电子文档替代原件的方式来提交。电子文档必须注明提交时间和提交人。原件应一直保留到程序终结时止，在此期间，必须能在 1 周之内根据要求提交。

（5）根据第 4 款第 2、3 句制作的电子文档，只要没有理由对其与原件的一致性产生怀疑，即可作为程序的依据。

（6）根据第 1 款制作的电子文档，附有第 4 款第 3 句所指的注明的，也应包含附有符合条件的电子签名的注明，该注明应包括：

1. 能够在屏幕上再现，而且与原件在内容上与图像上一致的。

2. 原件在移送中是作为原件还是副本提交。

原件可以在程序终结前销毁。当事人与第三方在程序中的声明以及附随的副本，可以根据第 1 句的条件销毁。

（7）在此适用《违法秩序法》第 110 条 c 至第 110 条 e 的相关规定。

第 77 条 b　对规定的授权

联邦司法与消费者保护部与州政府通过规定决定其以下的范围：

1. 电子文档根据第 77 条 a 第 1 款开始传输的时间点。

2. 为电子文档的传输，而在第 77 条 a 第 2 款中规定的必须具备的签名要求以及可利用的必要形式。

3. 根据第 77 条 a 第 4 款的规定，档案开始或能够作为以电子形式存储的时间点。

4. 用于以电子形式保存的文档的制作、维护与保存的组织—技术上的框架性条件，该文档包括根据第 77 条 a 第 4 款的替代原件的例外。

5. 与第 77 条 a 第 6 款的规定有差异的原件应继续保存。

州政府可以通过规定向州司法行政机构授权，根据第 77 条 a 第 1 款进行的电子传输可以仅限于单个法院、机构以及程序。根据第 77 条 a 第 4 款进行的电子档案管理可以仅限于单个机构的程序或程序的某个阶段。

第八编 与欧盟成员国之间引渡与过境引渡

第一章 一般性规则

第78条 第八编的优先性

（1）只要本编没有包括特别规定，就适用本法有关欧盟成员国之间引渡与过境引渡的其他规定。

（2）本编优先于第1条第3款所指的国际条约，除非其包括排除性规定。

第79条 原则上给予准许的义务：初步裁决

（1）成员国关于引渡与过境引渡的请求在得到许可时，只能在本编有规定的情况下方可拒绝。拒绝准许的裁判必须说明理由。

（2）在州高等法院作出是否许可的裁判前，由负责准许的机构决定，拟适用第83条b规定。不适用对准许的障碍的决定必须说明理由。州高等法院根据第29条规定的程序对该决定进行审查；应当听取参加者的意见。被追诉者在根据第41条第4款被告知后，还应向其指出，在简易引渡的情况下，不可能根据第3句的规定进行审查。

（3）如果在根据第2款第1句作出裁判后出现或变得众所周知，可以据此视为对准许的障碍的情况并不导致对准许的拒绝，不作出任何有效的对准许的障碍的决定，就要根据第33条的规定进行审查。

第二章　引渡至欧盟成员国

第 80 条　引渡德国公民

（1）出于刑事追诉目的而请求引渡德国公民的，只有在如下情况方予准许：

1. 提出请求的欧盟成员国保证，在对德国科处具有法律效力的自由刑或其他处罚之后，能够根据被追诉其意愿，将其遣返回本法的适用范围内执行；并且

2. 该行为与提出请求的成员国之间有明显联系。

确定行为与提出请求的成员国之间的明显联系，应遵循如下规则：实行行为完全或其重要部分在该国的主权领域内实施，并且其后果至少有相当重要部分延及该国的，或某项重罪，具有跨国的典型特征，至少部分是在该国的主权领域内实施的。

（2）不符合第 1 款第 1 项第 1 句所规定的条件时，出于刑事追诉目的而请求引渡德国公民的，仅在下列条件下方可批准，如果：

1. 符合第 1 款第 1 项第 1 句所规定的条件；而且该行为

2. 不能证明与国内有明显联系；

3. 根据德国法，该行为也属于违法行为，其实现了刑法规定的构成要件，或对案件事实做比照德国法的变通转换后，该行为按照德国法也属于上述违法行为的，而且在对相冲突的利益的具体权衡中，被追诉者不被引渡这一值得保护的信赖利益并不高于其他利益。

确定行为与国内的明显联系，应遵循如下规则：整个或重要部分的实行行为在本法适用领域内发生，并且发生了至少相当重要部分的结果。在做利益权衡时，应对行为的可谴责性、实践要求、有效的刑事追诉之可能性以及被追诉者受基本法保护的利益，在考虑到与欧洲法律空间的形成相联系的目标的情况下做权

衡，并设定它们相互之间的关系。如果因为作为引渡对象的行为，而存在使德国刑事程序中止或未开始的检察官或法院的裁判，则做权衡时必须将该裁判考虑在内；在法院开启主程序或作出处刑命令时，也适用如上规则。

（3）出于执行刑罚的目的而请求引渡德国公民的，只有被追诉德国公民在被告知后表示同意，该同意并且被记入法官笔录，才准予执行引渡。在此适用第 41 条第 3、4 款的相关规定。

（4）删除。

第 81 条　为追诉或执行而引渡

第 3 条基于如下条件而适用：

1. 出于追诉的目的引渡，只有在如下情况中才能许可：该行为根据提出请求的成员国的法律，受最高刑为不低于 12 个月的自由刑或其他处罚的威胁的。

2. 出于执行的目的引渡，只有在如下情况中才能许可：根据提出请求的成员国的法律要执行最低限度为 4 个月的自由刑的。

3. 在税收、关税以及货币事项方面的引渡，在德国法没有与提出请求的成员国的法律类似的税收、关税以及货币法律方面的规定时，可以许可。

4. 在此情况下不需要核实双重可罚性：当请求据以提出的行为按照请求国的法律，受最高刑为不低于 3 年的剥夺自由的处罚的威胁，而且属于第 2009/299/JI 号框架决议（ABl. L 81 vom 27.3.2009，S.24）所修正的欧盟理事会 2002 年 6 月 13 日关于欧洲羁押命令与成员国之间的移送程序的第 2002/584/JI 号框架决议（ABl. L 190 vom 18.7.2002，S.1）（关于欧洲羁押命令的框架决议）第 2 条第 2 款所列举的犯罪分类的。

第 82 条　不适用的规定

第 5 条，第 6 条第 1 款，第 7 条，以及在存在欧洲羁押命令时的第 11 条，不予适用。

第83条　补充性的许可条件

（1）引渡不予准许，如果

1. 被追诉者因为请求据以提出的同一行为，已经被其他的成员国作出了具有法律效力的裁判，而且在处罚的裁判已经执行的前提下，正在被执行或者根据作出裁判国家的法律，不能再被执行的。

2. 被追诉者在行为时根据《刑法典》第19条的规定没有责任能力。或者

3. 出于执行目的而提出请求，被判刑人缺席裁判据以作出的法院审理的。或者

4. 根据提出请求的成员国的法律，据以提出请求的行为应受终身自由刑或者其他剥夺终身自由的处罚的，或被追诉人被判处了这样的刑罚，而且，在最迟不超过20年的期间内基于申请或依职权没有对科处的刑罚或处罚的执行进行复核，是否需要继续执行的。

（2）引渡可以不适用第1款第3项的规定得到许可，如果：

1. 被判刑人

a）及时地

aa）被传讯参加会产生裁判的法院审理；或

bb）被以其他的方式，事实上且正式地通知会产生裁判的法院审理的期日与地点，以至于能毫无疑问地证明，被判决者知悉该确定的法院审理的；以及

b）据此可以表明，裁判在被判决者缺席时也可以作出的。

2. 被判刑人知悉针对其的有辩护人参加的诉讼程序，却以逃避的方式躲避对其的传讯的；或

3. 被判刑人知悉确定的法院审理，全权委托辩护人在法院审理中为其辩护，借此在该法院审理程序中事实上得到辩护的。

（3）引渡同样可以偏离第1款第3项的规定得到许可，如果被判决者在裁判送达后：

1. 书面声明，对已做出的判决不持异议；或

2. 在法定期间内没有申请再审或上诉。

必须在此之前明确告知被判刑人，其有权申请和参加再审或上诉；在上述程序中可以重新审查案件事实，包括新的证据；原裁判可以被撤销。

（4）引渡还可以偏离第 1 款第 3 项的规定得到许可，如果被判决者被移交给请求的成员国之后，对其作出的裁判毫不迟延地送达本人，而且被判决者被明确告知其拥有第 3 款第 2 句的提出再审、上诉的权利及其法定期间的。

第 83 条 a　引渡的文件材料

（1）引渡只有在第 10 条所指的文件材料或欧洲羁押命令送达时才能许可，这些材料应包括以下说明：

1.《关于欧洲羁押命令的框架决议》的附录所规定的被追诉者的身份与国籍。

2. 出具材料的司法机构的名称与通信地址。

3. 对是否存在可执行的裁判、羁押命令或其他具有相同法律效力的可执行的司法裁判的说明。

4. 犯罪行为的种类与法律特征，包括法律规定。

5. 犯罪行为实施情况的描述，包括犯罪时间、犯罪地点以及被拘捕者的犯罪参与情况。

6. 在出具材料的成员国的法律中对相关犯罪行为规定的最高刑，或在具有法律效力的裁判中科处的刑罚。

（2）根据欧洲理事会 2007 年 6 月 12 日关于第二代申根信息系统的设置、运行与利用的第 2007/533/JI 号决议（ABl. L 205, S. 63），出于移交或引渡的目的而发布的通缉令，包括第 1 款第 1 至 6 项所指的说明或补充这些说明的，视为欧洲羁押令。

第 83 条 b　对准许的障碍

（1）可以拒绝对引渡的准许，如果：

1. 因引渡请求据以提出的同一行为，在本法的适用范围内

已经对被追诉者进行刑事程序的。

2. 因引渡请求据以提出的同一行为而开始的刑事程序被拒绝，或已开始的程序被中止的。

3. 如果第三国的引渡要求被赋予优先地位的。

4. 不是基于欧洲羁押命令的框架决议而承担的对引渡的义务，而是根据请求国给予的保证或其他理由，可以期待德国的同样的请求也会得到许可的。

（2）对在德国领域内有经常居住地的外国人的引渡的准许，可以拒绝，如果：

1. 在出于执行刑罚的目的而进行的引渡中，对德国公民的引渡根据第 80 条第 1、2 款不被许可的。

2. 在出于执行刑罚的目的而进行的引渡中，被追诉者在被告知后表示不同意并记入法官笔录的，而且其在德国领域内刑罚执行方面值得保护的利益高过在其他地方的执行利益的；在此适用第 41 条第 3、4 款的相关规定。

第 83 条 c 期间

（1）关于引渡的裁判，至迟应在被追诉者被逮捕后的 60 日内作出。

（2）被追诉者表示同意简易引渡的，关于引渡的裁判，至迟应在同意作出起 10 日内作出。

（3）在引渡获准后，应与提出请求的成员国约定移送被追诉者的期日。移送期日最迟应在关于准许的裁判作出后 10 日内确定。期日因提出请求的成员国的不可抗拒的情况而无法遵守的，应该在 10 日内达成新的移送期日的协定。就移送期日达成的协议可以因在本法的适用范围内正在针对被追诉者进行的刑事追诉、执行或重大的人道主义理由而推迟。

（4）因存在特别情况而不能遵守期间的规定时，联邦政府应当告知欧盟司法合作局延迟的事实与原因；与个人有关的数据不得被传输。

（5）对于扩展引渡准许的请求，应在收到请求之日起30日内作出裁判。

第 83 条 d　被追诉者的释放

根据第83条 c 第3款达成的移送期日届满后10日内没有移交的，如果没有达成新的移送期日，应将被追诉者从引渡羁押中释放。

第 83 条 e　被追诉者的讯问

（1）在关于引渡的裁判尚未作出时，提出请求的成员国将被追诉者作为被告加以讯问的请求可以获准。

（2）在讯问中，基于提出请求的成员国的请求可同意其代表在场。

第三章　至欧盟成员国的国境引渡

第 83 条 f　转送

（1）通过本法的适用范围从一欧盟成员国过境引渡至另一欧盟成员国，在送达的文件材料包括以下内容的情况下，可以许可：

1. 关于欧洲羁押命令的框架决议的附录所规定的被追诉者的身份与国籍。

2. 存在欧洲羁押命令或第10条所指的文书。

3. 犯罪行为的种类与法律特征。

4. 犯罪行为实施情况的描述，包括犯罪时间、犯罪地点。

（2）从第三国转送到欧盟成员国的情况，在符合如下条件时适用第1款与下列规定：过境引渡请求书中已经包括的信息视为第1款第2项的信息。

（3）出于刑事追诉的目的而转送德国公民，只有在如下情况中才能许可：德国公民被引渡至的成员国保证，在科处具有终审效力的自由刑或其他处罚后，根据德国的要求，出于在本法的适用范围内执行的目的而遣返被转送者。只有在当事人同意的情况下，才能出于执行刑罚的目的转送德国公民。

（4）对转送的请求，应在收到请求后 30 日内作出裁判。

第 83 条 g　通过空路的过境

第 83 条 f 适用于在通过空路过境时，出现未曾预料到的在本法的适用范围内着陆的情况。

第四章　向欧盟成员国提出的引渡请求

第 83 条 h　特定性

（1）在一欧盟成员国根据欧洲羁押命令移交时，必须：

1. 不因在移送前已经作出的，移送据以作出的行为以外的行为而被追诉、审判或科处剥夺自由的措施。而且

2. 不得被进一步移送、移交或驱逐到第三国。

（2）如下情况不适用第 1 款的规定：

1. 被移送的个人，在被最终释放后，在本法的适用空间范围内，于 45 日内有能力离开而没有离开的，或离开后又返回的。

2. 犯罪行为不受自由刑或剥夺自由的矫正和保安处分措施的威胁的。

3. 刑事追诉并不导致限制个人自由的措施的适用的。

4. 对被移送的个人执行非剥夺自由的刑罚或矫正和保安处分措施的，即使该刑罚或措施能够限制个人自由。

5. 被请求的成员国以及被移送的个人放弃的。

（3）被移送的个人在移送后放弃的，应将其声明记入法官或检察官的笔录。对放弃的声明不可撤销。应将这一点告知被移送的个人。

第 83 条 i　期间延误时的通知

联邦政府应在由其他成员国进行的引渡中反复出现延误时通知欧盟理事会。只要在个案中有确定期间延误原因的需要，就可

以把隐去真名的有关被追诉者的数据传输给欧盟理事会。联邦政府只能向引渡请求所指向的国家，出于对欧盟理事会 2002 年 6 月 13 日关于欧洲羁押命令的框架决议的实施进行评估的需要而披露个人关系。

第九编　与欧盟成员国之间行刑合作

第一章　剥夺自由的处罚

第一节　外国裁判在德国的执行

第 84 条　基本原则

（1）在本节中，对其他欧盟成员国的行刑合作适用欧盟理事会 2008 年 11 月 27 日通过的、由第 2009/299/JI 号框架决议（ABl. L 81 vom 27. 3. 2009，S. 24）《关于自由刑的框架决议》修正的《关于相互承认为了在欧盟内部执行的目的而科处剥夺自由的刑罚或其他措施的刑事判决的基本原则》【第 2008/909/JI 号框架决议（ABl. L 327 vom 5. 12. 2008，S. 27）】。

（2）适用本法第四编的规定以及第一编与第七编的一般性规定：

1. 只要本节没有特别规定；或者

2. 如果没有根据《关于自由刑的框架决议》的规定提出请求。

（3）本节只要包含最终性的规则，就优先于第 1 条第 3 款的国际条约。

第 84 条 a　许可的条件

（1）根据关于自由刑的框架决议的规定对外国裁判的执行，可以不适用第 49 条的规定，如果：

1. 其他成员国的法院科处的生效的剥夺自由的处罚；

a）是可执行的；而且

b）在第 84 条 g 第 5 款的案件中可以转换为最大可能地与德国法相符的处罚。

2. 根据德国法，尽管存在程序障碍，或在必要时对案件事实做符合德国法精神的转换，仍然能对裁判据以作出的行为科处刑罚、矫正和保安处分措施或罚金的；以及

3. 被判刑人

a）具有德国国籍或在德国境内长期拥有合法的习惯居住地而且没有任何正在进行的废止该居留程序；

b）经常居住在德国或其他成员国境内，并且该国针对其作出了裁决的；以及

c）只要其居住在欧盟成员国境内，并且该国针对其作出了裁判，根据该成员国的规定同意在德国境内执行的。

（2）税收、关税以及货币事项的执行，在德国法没有与其他成员国的法律相同的税收、关税以及货币方面的规定时，可以不适用第 1 款第 2 项的规定。

（3）如果被判刑人不同意根据第 80 条第 3 款、第 83 条 b 第 2 款第 2 项或第 83 条 f 第 3 款第 2 句的为执行刑罚而进行的引渡或过境引渡，就不适用第 1 款第 2 项。如果不存在第 1 款第 2 项所指的条件，则根据第 84 条 g 第 4 款和第 5 款进行的处罚转换的最高限度为剥夺自由 2 年。

（4）如果成员国的主管机构根据关于自由刑的框架决议的规定，为执行裁判而按照第 84 条 c 的规定出示文件材料并提出请求时，可以不适用第 1 款第 3 项 c 目的规定，不需要被判决者的同意；以及

1. 被判刑者具有德国国籍或在德国境内拥有生活来源；或者

2. 提出请求的成员国通过主管机构已经作出裁判，被判决者在其主权领域内不具有居留权，因此其能够在免予执行刑罚后

被驱逐到德国的。

第 84 条 b 附加的许可条件

（1）不得准许执行，如果：

1. 被判决者在行为时根据《刑法典》第 19 条无责任能力或根据《少年法院法》第 3 条不负刑事责任；

2. 被判刑人缺席裁判据以作出的法院审理的；

3. 被判刑人者

a）因裁判据以提出的同一行为，已经被其他的成员国以外的国家作出了具有法律效力的裁判；以及

b）处罚已经执行、正在被执行或者根据裁判国的法律，不再能被执行的；或者

4. 根据德国法已过时效或者对案件事实做比照德国法的变通转换后已过时效的。

（2）如果被判决者提出申请，其他成员国作出的裁判的执行，可以偏离第 1 款第 4 项与第 84 条 a 第 1 款第 2 项的规定得到许可。被判决者提出的申请必须符合针对其作出要被执行的裁判的成员国的规定。被判决者根据第 1 句而提出的申请，必须记入法官笔录；在被判决者确定在国外时，必须记入授权出具意思表示证明书的德国职业领事官员的记录中。申请不可撤回。事先应当告知被判决者其申请的法律后果及其不可撤回性。如果不存在第 84 条 a 第 1 款第 2 项所指的条件，则根据第 84 条 g 第 4 款和第 5 款进行的处罚转换的最高限度为剥夺自由 2 年。

（3）执行可以偏离第 1 款第 2 项的规定，如果：

1. 被判决者及时地

a）被传讯参加已产生裁判的法院审理；或

b）被以其他的方式，事实上且正式地通知会产生裁判的法院审理的期日与地点，以至于事后能毫无疑问地证明，被判决者知悉该确定的法院审理的；以及

c）据此可以表明，裁判在被判决者缺席时也可以作出的。

2. 被判决者知悉针对其的有辩护人参加的诉讼程序，却以逃避的方式躲避对其的传讯的；或

3. 被判决者知悉确定的法院审理，全权委托辩护人在法院审理中为其辩护，借此在该法院审理程序中事实上得到辩护的。

（4）执行可以偏离第 1 款第 2 项的规定，如果被判决者在裁判送达后：

1. 明确声称，对裁判无争议的；或者

2. 在法定期限内没有申请再审或上诉程序的。

必须在此之前明确告知被判决者，其有权申请再审或上诉程序；其能够参加这些程序；在程序中可以重新审查案件事实，包括新的证据方法；原裁判可以被撤销。

第 84 条 c　文件材料

（1）符合关于自由刑的框架决议的标准的外国裁判的执行，只有在其他的成员国提交裁判的原件或经过认证的副本，以及按照生效的《关于自由刑的框架决议》的附录Ⅰ的格式完整填写的证明文件时，才能许可。

（2）存在第 1 款所指的证明文件，但是不完整时，主管机构可以放弃出示完整的证明文件，只要所需要的说明可以从要执行的裁判或其他附随的文件材料中获得。

第 84 条 d　对准许的障碍

对根据第 84 条 a 至第 84 条 c 获得许可的执行的准许可以被拒绝，如果：

1. 证明文件（第 84 条 c 第 1 款）不完整或与要执行的裁判明显不符，而且其他成员国没有将其补充完整或修正的。

2. 应当执行针对具有德国国籍的人作出的裁判，以及

a）该人的生活来源不在德国境内；以及

b）其他成员国通过主管机构已经作出裁判，被判决者在其主权领域内不具有居留权，因此其能够在免予执行刑罚后必须前往德国的。

3. 行为主要在德国境内实施，或在《刑法典》第 4 条所指的交通工具上实施的。

4. 在收到裁判后，要执行的处罚以及少于 6 个月的。

5. 检察院或法院确定，外国裁判只能部分执行的，以及不能获得其他成员国的主管机构对裁判应当执行到什么程度的同意的。或者

6. 其他成员国拒绝作出承诺，以致被判决者在移交后可能因在移交前的，与要执行的裁判无关的行为被追诉、审判或科处剥夺自由的处罚的。

第 84 条 e　临时性准许决定

（1）根据第 50 条第 2 款与第 51 条有管辖权的检察院对执行的准许作出决定。其必须给予被判决者表述意见的机会。如果被判决者已经在其他成员国被询问过，则不必给予。

（2）检察院可以作出不适用第 84 条 d 第 1 项至第 6 项对准许的障碍的条款的决定，其应当在请求法院对可执行性作出裁判的申请中说明决定的理由。

（3）检察官不批准在德国境内执行的，必须说明理由。如果被判决者已经表示同意在德国境内执行的，检察院必须向其送达该决定。被判决者可以在告知后的两周内申请法院作出裁判。在此适用《刑事诉讼法》第 297～300 条与第 302 条第 1 款第 1 句与第 2 款关于上诉以及《刑事诉讼法》第 42～47 条关于期间和恢复原状的规定。

第 84 条 f　法院程序

（1）有管辖权的州法院，根据检察院按照第 84 条 e 第 2 款或被判决者按照第 84 条 e 第 3 款第 3 句提出的申请，依据第 50 条第 1 句和第 51 条作出裁判。检察官为裁判做准备。

（2）如果对被判决者行使权利有必要，法院必须向其送达第 84 条 c 第 1 款所指的文件材料的副本。

（3）在检察院根据第 84 条 e 第 2 款对可执行性申请法院裁

判时，除了副本外，还要向其被判决者送达根据第 84 条 e 第 2 款作出的决定的副本。被判决者必须在法院规定的期间内对检察官的申请表明态度。

（4）法院对裁判的准备，在符合如下条件时适用第 52 条第 1 款的标准：必须给予其他成员国的主管机构，在提交的文件材料不足以判断检察官的裁量是否无误时，补充相关材料的机会。可设定补充文件材料的期间。

（5）在符合如下条件时适用第 30 条第 2 款第 2 句的标准：法院必须证明检察官的裁量确保无误。在此适用第 30 条第 2 款第 4 句、第 3 款以及第 31 条第 1 款和第 4 款的规定。被判决者处于本法的适用范围时，适用第 30 条第 2 款第 1 句和第 31 条第 2 款和第 3 款的规定。

第 84 条 g　法院裁判

（1）州法院以裁定的形式，根据第 84 条 e 第 2 款和第 3 款对请求法院裁判的申请作出裁判。

（2）被判决者未遵守第 84 条 e 第 2 款第 3 句和第 4 句关于请求法院裁判的申请的规定时，法院不许可并驳回该申请。该裁定不可撤销。

（3）对外国裁判，法院可以偏离第 54 条第 1 句的规定，根据第 50 条第 1 句和第 55 条宣告为可执行，只要执行得到许可并且检察院：

1. 无误地运用其裁量权，根据第 84 条 d 第 1～6 项作出不适用对准许的障碍的决定；或

2. 有误地运用其裁量权，根据第 84 条 d 第 1～6 项作出适用对准许的障碍的决定，而且不存在其他有效的裁量决定；法院在考虑其他的裁量决定时，可以撤销检察院的决定，向其发出根据法院的理解重新作出决定的文书。

在符合如下条件时适用第 54 条第 4 款的标准：由根据第 84 条 j 执行的羁押替代根据第 58 条执行的羁押来进行折抵。在此

适用第 55 条第 2 款和第 3 款的规定。

（4）外国裁判所科处的处罚超过了本法的适用范围对受威胁的行为所规定的上限的，法院根据该上限减轻处罚。在此适用第 54 条第 1 款第 4 句，第 54 条 a 第 1 款第 1 项、第 2 款和第 3 款的规定。

（5）法院在裁判中可以根据第 3 款和第 4 款，将科处的处罚转换为德国法上与其最相应的处罚，如果：

1. 科处的处罚在性质上与本法的适用范围内有效的法律规范所规定的处罚不相符合；或

2. 被判决者在行为时未满 21 周岁；对此适用青少年法院法的规定。

被转换的处罚的幅度必须与外国裁判一致；由其他成员国科处的处罚在转换后不得加重其性质或刑期。

第 84 条 h　根据法院裁判的准许

（1）外国裁判被宣告为可执行时，检察官才能准许执行。

（2）检察官根据法院生效裁判的标准准许执行。

（3）该准许决定具有终极效力。

（4）检察官在接收第 84 条 c 第 1 款所指的文件材料后，应当在 90 日内作出决定。对具有最终效力的拒绝准许的决定应当说明理由。

第 84 条 i　特定性

（1）被判决者在没有得到其同意的情况下被从其他成员国移交时，不得以其在移送之前的其他行为作为移交依据，并对其追诉、审判或科处剥夺自由的措施。

（2）被判决者在如下情况中可以偏离第 1 款的规定，以其在移交之前的其他行为作为移送依据，并对其追诉、审判或科处剥夺自由的措施：

1. 其在其最终被释放的 45 日内，没有离开本法的空间适用范围，尽管其有离开的可能性，或其离开后又返回的；

2. 刑事追诉并不导致限制人身自由的措施；

3. 因其他行为而被执行刑法或矫正和保安处分措施，而且刑法或矫正和保安处分措施限制其人身自由的；或

4. 其他成员国或被移交者放弃适用第 1 款的。

被移交者根据第 1 句第 4 项放弃适用第 1 款的，在移送后必须记入法官或检察官的笔录。放弃的表示不可撤回。应当告知被移交者其放弃的法律后果以及放弃表示的不可撤回性。

第 84 条 j　执行之确保

在符合如下条件时适用第 54 条第 1 款、第 2 款和第 4 款的规定；可以下令羁押被判决者，如果：

1. 被判决者逗留在本法的适用范围内；

2. 外国裁判是根据第 84 条 a 第 1 款第 1 项所作出的；

3. 其他成员国为羁押而申请的；以及

4. 被判决者有逃避程序、可执行性和执行之虞。

第 84 条 k　执行的补充规定

（1）剥夺自由的处罚的剩余部分的执行可以适用缓刑。在此适用《刑法典》的相关规定。在正在服刑的被判决者在其他成员国根据该国法律有权提出审查余刑的缓刑的申请时，应当已经作出有关余刑的缓刑的裁判。

（2）在其他成员国的主管机构通知，执行的条件因再审程序、大赦或恩赦的原因而不复存在时，方可偏离第 57 条第 6 款的规定，放弃已经在德国境内开始的执行。当被判决者从德国的羁押中逃脱时，也可以放弃执行。

第 84 条 l　为执行而过境引渡

（1）为执行自由刑或其他剥夺自由的处罚而需要将某一成员国的人经过本法的效力范围转送到其他成员国时，只有在这两个成员国都提出请求时，方可允许转送。

（2）根据第 1 款提出的请求，必须附上按照生效的关于自由刑的框架决议《关于自由刑的框架决议》的附录 I 的格式完整填

写的证明文件的复印件。

（3）在因多个行为而要求过境引渡时，如果至少存在一个可以作为请求理由的，满足第1款和第2款的条件的行为，即可转送。

（4）转送具有德国国籍的人，只有在其按照成员国的规定作出同意时，方可移转，该同意不可撤回。

第84条 m　过境引渡程序

（1）转送程序适用第44条和第45条第1款、第2款和第4～7款的规定。在发出转送羁押令时，应当准许转送。

（2）应当在提出转送请求后的一周内作出是否准许的裁定。

第84条 n　通过航空进行的过境引渡

（1）在涉及预先未预料到的，在本法的效力范围内的中途经停时，第84条 i 与第84条 m 也同样适用通过航空进行的过境引渡。

（2）为确保转送，在中途经停中，检察官与警察部门可以下令进行临时性逮捕。

（3）在符合如下条件时适用第47条第3款、第4款、第6款第1句和第7款的规定：第47条第5款适用于转送羁押令，这一羁押令应当是可以根据第84条 i 第2款作出的。在州高等法院维持转送羁押令时，应当准许转送。

第二节　德国裁判在欧盟其他成员国的执行

第85条　临时性的准许决定

（1）执行机构可以偏离第71条的规定，根据自由刑的框架决议的标准将本法效力范围内科处的剥夺自由的处罚移转给其他的成员国执行。应当给予被判决者表达意见的机会。在被判决者自己提出移转到其他成员国执行时，则不必征求其意见。

（2）被判决者处于德国境内时，执行机构仅能在如下情况下准许将剥夺自由的处罚的移转给其他成员国执行：

1. 被判决者自己表示同意将剥夺自由的处罚的移转给其他成员国执行的；或

2. 法院根据执行机构按照第 85 条 c 提出的申请，表示同意将剥夺自由的处罚的移管给其他成员国执行的。

被判决者根据第 1 句第 1 项作出的同意必须记入法官的笔录。该同意不可撤回。应当告知被判决者其同意的法律后果以及不可撤回性。

（3）执行机构决定提出移转至其他成员国执行的请求的，必须将其书面通知被判决者。被判决者处于其他成员国的主权范围内的，执行机构可以请求该国的主管机构向被判决者送达这一通知。执行请求必须附有被判决者及其法定代理人提交的书面形式的声明。

（4）执行机构可以撤回执行申请，只要其他成员国尚未开始执行。

（5）执行机构不准许在其他成员国执行剥夺自由的处罚的，或根据第 4 款撤回提出的申请的，必须对此决定说明理由。在被判决者申请在其他成员国执行或对在其他成员国执行表示同意时，执行机构必须将这一决定通知被判决者。被判决者可以在收到通知后的两周内申请法院裁判。前述情况适用《刑事诉讼法》第 297～300 条以及第 302 条第 1 款第 1 句和第 2 款关于法律救济，第 42～47 条关于期间以及恢复原状的相关规定。

第 85 条 a　法院程序

（1）根据第 71 条第 4 款第 2 句和第 3 句有管辖权的州高等法院，对执行机构根据第 85 条第 2 款第 1 句第 2 项提出的申请或被判决者根据第 85 条第 5 款第 3 句提出的申请进行的裁判应当以裁定的形式作出。执行机构为裁判做准备。

（2）在此适用第 13 条第 1 款第 2 句，第 30 条第 2 款第 2 句和第 4 句、第 3 款，第 31 条第 1 款和第 4 款，第 33 条，第 42 条和第 53 条的规定。被判决者处于本法的效力范围内的，适用第

30 条第 2 款第 1 句和第 31 条第 2 款、第 3 款的规定。

第 85 条 b　法院对被判决者申请的裁判

（1）被判决者未遵守第 85 条第 5 款第 3 句和第 4 句关于申请法院裁判的规定时，法院不许可并驳回申请。

（2）被判决者请求法院裁判的申请应当以裁定形式驳回，如果：

1. 将在本法的效力范围内科处的剥夺自由的处罚移转到其他成员国执行，不为自由刑的框架决议所许可；或

2. 执行机构根据第 85 条第 1 款和第 4 款无误地运用了裁量权。

（3）只要被判决者请求法院裁判的申请得到许可并且有理由，在没有其他合法的裁量决定时，法院应当准许将剥夺自由刑的处罚移转到其他成员国执行。法院在考虑其他的裁量决定时，可以撤销执行机构的决定，向其发出根据法院的理解重新作出决定的文书。

第 85 条 c　法院对执行机构申请的裁判

法院根据执行机构的申请，按照自由刑的框架决议的标准，准许在其他成员国执行针对非德国国民或无德国国籍的人科处的剥夺自由的处罚，如果被判决者：

1. 拥有该成员国的国籍并在该国有生活来源；或

2. 根据《居留法》第 50 条，主管机构确认有义务离开德国的。

第 85 条 d　通过法院裁判的准许

执行机构只有在法院表示许可在成员国执行时方可准许执行剥夺自由的处罚。执行机构根据生效法院裁判的标准准许执行。该准许决定具有终极效力。

第 85 条 e　国内的执行程序

（1）被判刑人应当在其他成员国作出接受剥夺自由的处罚的执行的决定后 30 日内移送至该国。

（2）其他成员国接受后，德国的执行机构应当放弃执行。在

其他成员国通知被判刑人从羁押中逃脱后，德国的执行机构可以继续执行。

（3）其他成员国申请，要求德国允许其对被判刑人的其他行为予以追诉或执行因其他行为而科处的刑罚或处罚的，由负责准许引渡的作出是否准许的决定。在引渡根据第79条第1款因其他行为而被准许时，应当作出准许的决定。在此适用第78条第1款和第79条第2款至第83条b的规定。其他成员国的主管机构的包含了第83条a第1款所指的说明的文书对获准而言即为足够，不需要第83条a第1款所指的文件材料。应当在执行机构收到包含第83条a第1款所指的说明的文件材料后30日内作出是否准许的决定。

第85条f 继续执行之确保

（1）如果被判决者处于本法的效力范围内，在执行科处的或在其他成员国转换的处罚而产生的刑期经过一半前，可以下令对其逮捕，如果：

1. 其不能出示释放证明或与之相同内容的文件；或

2. 其他成员国没有通知终止执行的。

（2）在移转到其他成员国执行前，法院可以发出拘留令、逮捕令以及采取必要的通缉措施的命令。被判刑人处于本法的适用范围内的，应当通知其与根据第1句作出的命令有关的法官笔录。被判刑人在其他成员国的主权范围内的，由法院向其送达。

（3）拘留令、逮捕令以及采取必要的通缉措施的命令由第一审法院作出。在本法的效力范围内针对被判决者执行剥夺自由的处罚的，由刑事执行庭根据第1句作出。在此适用《刑事诉讼法》第462条a第1款第1句和第2句、第3款第2句和第3句、第6款的规定。在此同样适用1991年9月26日公布，最近通过2009年7月29日的法律第5条修改的《移管实行法》第6条第2款第1句和第2句、第7条至第9条第1款至第4款第1句和第2句、第10条至第14条第2款的规定。

第二章　金钱罚

第一节　一般性规则

第 86 条　优先适用

（1）只要本章没有特定规定，本法的其余规定就适用于与欧盟成员国的司法协助往来中出于执行罚金刑与罚款的目的而提出的请求。

（2）除非另有规定，本章的规定优先于第 1 条第 3 款所指的国际条约而适用。

第二节　接受请求

第 87 条　基本原则

（1）欧盟理事会 2005 年 2 月 24 日《关于相互承认罚金刑与罚款的原则之适用》的第 2005/214/JI 号框架决议（ABl. L 76 vom 22.3.2005，S. 16）已经由第 2009/299/JI 号框架决议修正，根据这一框架决议（《关于罚金刑的框架决议》）的规定而给予其他的成员国的司法协助，适用本节的规定。本法第四章的规定仅在与下列规定有明显联系时才能适用。

（2）执行协助，可以通过执行对当事人科处的具有终审效力的金钱罚来给予，金钱罚据以为基础的裁判，必须：

1. 由提出请求的成员国的法院根据其法律，对具有刑事可罚性的行为作出。

2. 由提出请求的成员国的非法院机构根据其法律，对具有刑事可罚性的行为作出，只要能针对这一决定上诉到刑事法院。

3. 由提出请求的成员国的非法院机构，对根据其法律作为违反秩序的行为加以处罚，只要能针对这一决定上诉到刑事法院。

4. 提出请求的成员国的刑事法院，对根据第 3 款所作出的决定作出的。

（3）第 2 款所指的金钱罚，是指有义务支付：

1. 因具有刑事可罚性的行为或违反秩序行为而产生的一定数额的金钱。

2. 除第 1 项所指的处罚之外，强制支付的程序费用。

3. 除第 1 项所指的处罚之外，对被害人的赔偿金，当被害人在提出请求的成员国的程序框架内不能提出民事请求权，而且法院在行使刑事管辖权。或

4. 除第 1 项所指的处罚之外，为支援被害者，而向国库或机构缴纳的一定数额的金钱。

没收犯罪行为的工具与所得收益的命令以及具有民事性质的，产生于损害赔偿请求权与恢复原状之诉，而且根据欧盟理事会 2000 年 12 月 22 日《关于法院管辖权以及民事和商事事项的裁判的承认与执行》的第 1215/2012 号条例（ABl. L 351 vom 20.12.2012，S.1）能够得到执行的命令，不属于金钱罚。

第 87 条 a　执行的文件材料

金钱罚的执行，只有在具备如下文件材料时才能许可：

1. 要执行的裁判的原件或经过认证的副本。

2. 由提出请求的成员国的主管机构填写和签字的，符合《关于金钱罚的框架决议》的附录所规定的格式的证明文件。

第 87 条 b　许可的条件

（1）金钱罚的执行，只有在符合如下条件时才能许可：根据德国法，尽管存在程序障碍，或在必要时对案件事实做符合德国法精神的转换，仍然能对裁判据以作出的行为科处刑罚或罚款的。当裁判据以作出的行为按照提出请求的成员国的法律属于实施了关于罚金刑的框架决议第 5 条第 1 款所列举的犯罪或违反秩序行为时，不需要证明双重可罚性。

（2）金钱罚的执行，在已经支付或收取过时，不得许可。

（3）金钱罚的执行，不得许可，如果：

1. 第 87 条 a 第 2 项所指的证明文件不完整或明显不符合裁判的。

2. 科处的金钱罚的数额，或根据在裁判执行的时点的汇率换算的价值未达到 70 欧元的。

3. 根据书面程序所做出的裁决，并且当事人根据提出请求的欧盟成员国所指定的代理人未就撤销权与该法所规定的期间告知的。

4. 当事人缺席裁判据以作出的法院审理的。

5. 因裁判据以作出的同一行为，在国内对当事人作出第 9 条第 1 款所指的裁判的，而且德国法院有理由对该行为行使管辖权，或因裁判据以作出的同一行为，外国，而非提出请求的成员国或国内，对当事人作出裁判并执行的。

6. 因裁判据以作出的行为，德国法院有理由对该行为行使管辖权，但根据德国法已过时效的。

7. 当事人因在实施裁判据以作出的行为时的年龄，根据德国法的规定不负责任的，或根据《少年法院法》第 3 条第 1 句的规定不负刑事责任的。

8. 裁判据以作出的行为完全或部分在国内或有权悬挂德国国旗或德国国籍标志的船舶或航空器上实施的，而且德国法不将其作为受刑罚威胁的犯罪行为或科处罚款的违反秩序行为的。

9. 当事人没有在外国程序中作出自己不对裁判据以作出的行为负责的异议的机会，而且其对负责批准的机构做了如上陈述。

（4）罚金刑的执行可以不适用第 3 款第 4 项的规定，如果：

1. 当事人

a）及时地

aa）曾被传讯参加会产生裁判的法院审理；或

bb）已被以其他的方式事实上且正式地通知会产生裁判的法院审理的期日与地点，以至于能毫无疑问地证明，当事人知悉该确定的法院审理的；以及

b）据此已经可以表明，裁判在当事人缺席时也可以作出的。

2. 当事人知悉针对其的有辩护人参加的诉讼程序，却以逃避的方式躲避对其的传讯的；或

3. 当事人知悉确定的法院审理，全权委托辩护人在法院审理中为其辩护，借此在该法院审理程序中事实上得到辩护的。

（5）罚金刑的执行可以偏离第 3 款第 4 项的规定，如果当事人在裁判送达后：

1. 明确声称，对裁判无争议的；或

2. 在法定期间内没有申请再审或上诉程序的。

必须在此之前明确告知当事人，其有权申请再审或上诉程序；其能够参加这些程序；在程序中可以重新审查案件事实，包括新的证据方法；原裁判可以被撤销。

（6）罚金刑的执行可以偏离第 3 款第 4 项的规定，如果当事人在被明确告知其要出席的法院审理的程序与机会后：

1. 明确放弃口头听证的权利的；以及

2. 明确声称，对裁判无争议的。

第 87 条 c 对准许的裁判的准备

（1）负责准许的机构应当向当事人送达第 87 条 a 所指的文件材料的副本。当事人在收到副本后的 2 周内有作出陈述的机会，而且应当被告知，在该期间截止后，负责准许的机构会对是否对执行给予准许作出决定，或根据第 87 条 i 第 1 款规定的条件申请法院裁判。

（2）第 1 款所指的听证不必举行，当负责准许的机构：

1. 拒绝对执行给予许可。

2. 根据第 87 条 d 宣称存在对准许的障碍。或

3. 立即申请法院根据第 87 条 i 第 1 款对裁判进行转换。

第 87 条 d　对准许的基本义务

对获得许可的执行罚金刑的请求的准许的拒绝，只有在裁判据以作出的行为：

1. 完全或部分在国内或有权悬挂德国国旗或德国属有标志的船舶或航空器上实施的，而且德国法不将其作为受刑罚威胁的犯罪行为或仅作为科处罚款的违反秩序行为的。或

2. 在提出请求的成员国的主权领域以外实施，而且这一在外国实施的行为，德国法不将其作为受刑罚威胁的犯罪行为或作为科处罚款的违反秩序行为的。

第 87 条 e　辩护人

在此适用第 53 条关于辩护人的相关规定。

第 87 条 f　对执行的准许

（1）负责准许的机构对是否准许执行作出决定，只要其没有根据第 87 条 i 第 1 款规定的条件申请法院裁判。

（2）在此适用第 54 条第 2、4 款的相关规定。其他的成员国据以提出请求的行为，不是在其主权领域内实施的，而且德国法院有理由行使管辖权的，罚金刑或罚款的数额应该削减到同样的行为根据德国法所应科处的最大数额，当其他成员国科处的处罚超过这一最大数额时。

（3）只要其他成员国的裁判被宣告为可执行，就应作出决定以及应执行的罚金刑的数额。准许应当说明理由并送达当事人。该准许包括：

1. 在没有根据第 4 款提出的异议时，准许具有法律效力以及罚金刑具备可执行性的提示。

2. 敦促当事人最迟在金钱罚发生终审效力的 2 周内向国库支付的要求。

（4）当事人可以在送达后的 2 周内，以书面或备忘录的形式，向负责准许的机构提出异议。前述情况适用《刑事诉讼法》第 297～300 条以及第 302 条关于法律救济、第 42～47 条关于期

间以及恢复原状的相关规定。

第87条g 法院程序

（1）针对准许，可以诉诸正式法院。如果负责准许的机构没有对当事人的异议作出补正，具有管辖权的初等法院根据第2款作出裁判。初等法院可以根据第87条i，在负责准许的机构提出申请时作出裁判。在此适用《少年法院法》第107条以及违反秩序法第68条第2款的相关规定。负责准许的机构为裁判做准备。

（2）当事人是自然人时，根据其住所确定属地管辖。如果其在国内没有住所，则根据经常居住地确定管辖，经常居住地不明时，根据其最近一次的住所确定。如果当事人是法人，则由法人在其地区内有住所地的法院管辖。在第87条h的情况中，收到异议的时间点，在第87条i的情况中，收到法院的申请的时间点具有决定性。如果该地点不能确定，则由当事人财产所在地的法院管辖。当事人财产位于不同的初等法院所在的地区的，则由首先接手案件的初等法院管辖。法院组织法第58条第1款的规定不受影响。

（3）法院应向当事人送达以德文翻译的其他成员国的裁判的副本，只要这是其行使职权的要求。在根据第87条i第1款提出申请时，应向当事人送达第87条a所列举的文件材料的副本以及在没有作出对准许的障碍时根据87条i第2款作出的裁判的副本。在第2句的情况中，应该要求当事人在法院规定的期间内作出陈述。

（4）在符合如下条件时，对裁判的准备适用第52条第1款的规定：只要给予了提出请求的成员国的主管机构，在提交的文件材料不足以判断负责准许的机构对不作出对准许的障碍的裁量是否无误时，补充相关材料的机会。对文件材料的补充，可以规定一定的期间。负责准许的机构执行法院根据第1、2句作出的裁定。法院可以收集有关第87条h第3款第1句第1、2、3项列举的构成要件的其余证据。在此适用第30条第2款第4句与第 3 款，第 31 条第 4 款的相关规定。当事人在国内时，适用第 30 条第 2 款第 1 句以及第 31 条第 2 款的相关规定。第 31 条第 1 款第 1 句在检察官替代负责准许的机构的地位时适用。负责准许的机构没有义务出席言词审理程序，法院在认为该机构出席是合理的时，应当通知该机构。

第 87 条 h 提出异议后的法院裁判

（1）初等法院通过裁定确定是否异议许可及其理由。

（2）未遵守关于异议之提出的规定的，法院应作为不许可而予以驳回。该裁定具有不可撤销。

（3）当事人的异议应通过裁定，认为无理由而予以驳回，只要：

1. 其他成员国的裁判的执行已经得到许可的。

2. 负责准许的机构对不作出对准许的障碍的裁量无误时。以及

3. 金钱刑根据第 87 条 f 第 2 款的规定准确调整的。

只要异议因执行不被许可或裁量错误而有理由的，其他成员国的裁判就应被宣告为不可执行。只要未根据第 87 条 f 第 2 款的规定准确调整或虽有要求但无视的，法院可以自行调整罚金刑并宣告裁判可执行。在与负责准许的机构的决定不同时，需要执行的金钱罚的数额应以裁决形式宣告。

（4）在此适用《违反秩序法》第 77 条 b 的规定。

第 87 条 i 基于负责准许的机构的申请而作出的法院裁判；同意

（1）如果其他成员国的裁判是：

1. 根据第 87 条第 2 款第 1、2 项，针对《少年法院法》所指的青少年或年轻人作出的金钱罚。

2. 针对相关的法人作出的，该法人是根据欧盟成员国的法律设立的，并且在欧盟境内有符合章程的住所，主要管理机构或分支结构的。

3. 旨在执行根据第 87 条第 3 款第 1 句第 3 项或第 4 项科处的金钱罚而送达的。

负责准许的机构，在执行得到许可时，应申请通过法院对裁判进行转换。

（2）在负责准许的机构根据第 1 款的规定申请法院裁判时，应当声明不会作出对准许的障碍。不作出对同意准许障碍的决定时应当说明理由。

（3）只要其他成员国的裁判的执行得到许可，而且负责准许的机构对不作出对准许的障碍的裁量无误，就应宣告裁判可执行。金钱罚应根据德国法转换为与其最相符合的处罚。金钱罚的数额的调整，适用第 87 条 f 第 2 款的规定。

（4）根据第 87 条第 1 款第 2 款第 1、2 项对青少年科处的罚金刑，应转换为少年法院法所许可的处罚。当根据《少年法院法》第 105 条第 1 款的规定适用少年刑法时，第 1 句也适用于年轻人。否则就应宣告裁判可执行。

（5）初等法院通过裁定对裁判的可执行性作出裁判。只要裁判被宣告可执行，裁判以及要执行的罚金刑的种类与数额应以裁决的形式作出。

（6）负责准许的机构，根据具有终审效力的法院裁判的指示对执行给予同意。准许决定具有终极效力。在此适用第 87 条 f 第 3 款第 1、2 句的相关规定。准许应包括：

1. 准许具有法律效力以及罚金刑具备可执行性的提示。

2. 敦促当事人最迟在送达后的 2 周内根据第 87 条 n 第 5 款第 3 句向主管的国库支付的要求。

第 87 条 j 抗告

（1）针对初等法院根据第 87 条 h 第 3 款和第 87 条 i 第 5 款的作出的裁定，只要准许，就可提出抗告。

这一法律救济属于当事人以及负责准许的机构。随后应给予抗告者作出陈述的机会。初等法院应该通过抗告法院的检察官将卷宗移送至抗告法院。

（2）只要本法没有其他规定，《刑事诉讼法》以及《法院组织法》关于申诉的相关规定也适用于抗告与进一步的程序。

（3）提出抗告的期间以裁定作出之日起起算。

（4）抗告法院通过决议作出裁判。

（5）抗告法院撤销上诉裁判的，可以偏离刑事诉讼法第 354 条第 1、2 款的规定，自行对案件作出裁判。或发回作出被上诉的裁判的初等法院或其他的初等法院。

（6）进一步的程序适用第 42 条的相关规定。

第 87 条 k　抗告的准许

（1）抗告法院可以基于当事人与负责准许的机构的申请准许抗告，当有必要：

1. 出于法律续造或确保裁判的统一性的目的而审查决议时；

2. 因拒绝要求法定审判之权利而撤销裁定时。

（2）提出抗告的规定适用于准许申请。申请应被视为预先提出的抗告。应遵守有关上诉申请的提出及其理由的规定（《刑事诉讼法》第 344、345 条）。抗告人应在抗告申请的理由中说明，基于何等理由符合了第 1 款中的条件。在此适用刑事诉讼法第 35 条的相关规定。

（3）抗告法院通过裁定作出决议。裁定在驳回申请时不需提供理由。申请被驳回后，抗告视为被撤回。

（4）在对准许申请的裁判前存在程序障碍的，如果程序障碍是在裁定根据第 87 条 h 第 3 款或第 87 条 i 作出后出现的，抗告法院可以中止程序。

第 87 条 l　州高等法院审判委员会的组成

（1）州高等法院对抗告及其准许作出裁判。

（2）除另有规定以外，审判委员会可以由 1 名法官组成。

（3）在抗告程序中，审判委员会由包括审判长在内的 3 名法官组成，如果：

1. 其负责处理第 87 条第 2 款第 1 项或第 2 项所指的罚金刑的执行时。

2. 存在第 87 条 k 第 1 款第 1 项所指的准许理由时。

3. 因事实、法律基础方面存在特别疑难而有必要时。或

4. 应当偏离州高等法院作出的裁判时。

第 87 条 m　禁止双重追诉；通知联邦中央登记署

（1）在执行获得准许后，其他成员国的裁判据以作出的同一行为，就不得根据德国法作为犯罪行为或违反秩序行为再行追诉。

（2）应将其他成员国根据第 87 条第 2 款第 1 项或第 2 项的规定作出的裁判据以被许可或拒绝的准许，通知给联邦中央登记署。在如下情况中则不适用：

1. 其他成员国作出的裁判不能记入联邦中央登记署。或

2. 裁判是针对德国公民作出，而且因为其他成员国事实上按照规定已经就刑事定罪问题向联邦中央登记署做了通知的，则不必再行通知。

第 87 条 n　执行

（1）负责准许的机构作为执行机构负责执行。此规定不适用于法院因根据第 87 条 h 提出的异议或负责准许的机构的申请而作出裁判的情况。在第 2 句所指的情况中，由具有管辖权的初等法院所在地的州法院的检察官作为执行机构。只要在第 2 句所指的情况中，少年刑法处罚在转换后应当执行的，则根据《少年法院法》第 82 条规定的条件执行。

（2）对执行，适用《违反秩序法》第 34 条，第 93～99 条第 1 款，第 101、102 条，第 103 条第 1 款第 2 项、第 2 款以及第 104 条第 2 款、第 3 款第 1 句第 1、2 项的相关规定。在执行中，根据第 1 句所需要的法院裁判，由执行机构所在地的初等法院作出。在针对青少年与年轻人的程序中也适用《少年法院法》第 82 条第 1 款，第 83 条第 2 款以及第 84 条、第 85 条第 5 款的相

关规定。诉讼缴费法的规定，在本法没有其他规定的情况下适用。只要裁判是根据第 87 条 i 第 4 款第 1、2 句作出的，就不适用第 1~4 句的规定。

（3）在执行根据第 87 条 i 第 4 款作出的裁判时，可以不下令执行剥夺自由的措施。这也同样适用于根据第 2 款作出的针对青少年与未成年人的裁判的执行。

（4）在此适用第 57 条第 6 款的相关规定。

（5）执行中获得的收入归于联邦政府国库。当法院基于根据第 87 条 h 提出的异议或负责准许的机构根据第 87 条 i 提出的申请而作出裁判时，不适用这一规定。在第 2 句规定的情况中，执行中获得的收入归于具有管辖权的初等法院所在的州政府的国库。在执行根据第 87 条第 3 款第 3 项第 1 句所转换的裁判时，可以与其他成员国达成偏离第 1~3 句的规定，将执行中获得的收入归于被害人。

（6）执行的费用由当事人承担。

第三节　提出请求

第 87 条 o　基本原则

（1）根据罚金刑的框架决议而向其他成员国提出的请求，适用本节的规定。此处不适用第 71 条的规定。在此适用第 87 条第 2 款第 1、3、4 项，第 3 款第 1 句第 1、2 项和第 2 句的相关规定。

（2）可以出于执行罚金刑的目的而向其他成员国的主管机构提出请求，如果当事人：

1. 是自然人，而且在被请求的成员国有住所或经常居住地的；

2. 是法人，而且在被请求的成员国有住所的；

3. 在被请求的成员国有可支配的财产的；或者

4. 在被请求的成员国有收入来源的。

第 87 条 p　国内的执行程序

在为执行而向其他成员国提出请求时，也可在国内执行，只要：

1. 请求被撤回；或者

2. 被请求的成员国拒绝执行的。

国内的执行，在被请求的成员国以已在该国针对同一行为作出裁判，或第三国已经作出裁判并已执行为由拒绝执行时，不得许可。

第三章　追缴与没收

第 88 条　基本原则

根据第 2009/299/JI 号框架决议修正的欧盟理事会 2006 年10 月 6 日关于相互承认没收裁决的第 2006/783/JI 号框架决议（ABl. L328 vom 24.11.2006，S.59）（关于没收的框架决议）的标准，向欧盟其他成员国提出的执行协助，适用第 88 条 a 至第88 条 f 的相关规定。只要本章没有包含特别规定或请求不是根据关于没收的框架决议的标准提出的，适用本法第四编以及第一编、第七编的一般性规定。

第 88 条 a　许可的条件

（1）偏离第 49 条第 1 款的规定，根据关于没收的框架决议的规定送交的关于没收与追缴的法院命令，有确定的金额与财产标的的，其执行只有在如下情况中才能许可：

1. 欧盟其他成员国的主管机构，在出具第 88 条 b 所指的文件材料后提出这样的请求的。

2. 根据德国法，即便存在某些程序障碍或必要时对案件事实做符合德国法精神的转换，对外国关于追缴与没收的命令据以作出的行为，能够无视刑事诉讼法第 73 条第 1 款第 2 句的规定，作出包括如下条件的命令：

a）除了在执行与《刑法典》第 73 条 d 或 74 条 a 相符的措施中不必证明双重可罚性以外，在请求据以提出的行为根据提出请求的成员国的法律，以最高为 2 年以上的自由刑相威胁，而且属于关于没收的框架决议第 6 条第 1 款所列举的犯罪分类的。

b）税收、缴纳、关税以及货币事项的执行，在德国法没有与提出请求的成员国的法律相同的税收、缴纳、关税以及货币方面的规定时，可以许可。

（2）根据第 1 款的规定送交的关于没收与追缴的命令的执行请求不得许可，在：

1. 行为在国内或《刑法典》第 4 条所指的交通工具上实施，而且根据德国法不以刑罚相威胁的。

2. 当事人缺席足以导致没收或追缴命令的法院审理的。

3. 当事人因请求据以提出的同一行为，已经被其他的成员国以外的国家作出了具有终审效力的裁判，而且处罚已经执行，正在被执行或者根据裁判国的法律，不再能被执行的，除非没收与追缴能够根据《刑法典》第 76 条 a 独立地作出命令。

4. 德国刑法适用的犯罪行为中，如果根据德国法已过时效的，除非没收与追缴命令能够根据《刑法典》第 76 条 a 第 2 款第 1 项作出的。

（3）对根据第 1 款送交的没收或追缴命令的执行的许可，也可以偏离第 2 款第 2 项的规定，如果：

1. 当事人

a）法定期限内

aa）被传讯参加会产生裁判的法院审理；或

bb）被以其他的方式，事实上且正式地通知会产生裁判的法院审理的日期与地点，以至于能毫无疑问地证明，当事人知悉该确定的法院审理的；以及

b）据此可以表明，裁判在当事人缺席时也可以作出的。

2. 当事人知悉针对其的有辩护人参加的诉讼程序，却以逃

避的方式躲避对其的传讯的；或

3. 当事人知悉确定的法院审理，全权委托辩护人在法院审理中为其辩护，借此在该法院审理程序中事实上得到辩护的。

（4）对根据第 1 款送交的没收或追缴命令的执行的许可，也可以偏离第 2 款第 2 项的规定，如果当事人在裁判送达后：

1. 明确声称，对裁判无争议的；或

2. 在法定期间内没有申请再审或上诉程序的。

必须在此之前明确告知当事人，其有权申请再审或上诉程序；其能够参加这些程序；在程序中可以重新审查案件事实，包括新的证据方法；原裁判可以被撤销。

第 88 条 b　文件材料

（1）提出请求的成员国必须出具具有终审效力的裁判的原件或经过认证的副本以及符合关于没收的框架决议第 4 条的证明文件，其应包括：

1. 下令没收与追缴的法院的名称与地址。

2. 请求的主管机构的名称与地址。

3. 应对其执行裁判的自然人或法人的尽可能精确的姓名与名称。

4. 作为执行标的的金额或其他财产标的的描述。

5. 对下达命令的理由的陈述。

6. 犯罪行为实施的情况，包括犯罪时间与地点的描述。

7. 犯罪行为的种类与法律特征，包括裁决据以为基础的法律规定。

8. 当事人在审判中出庭的信息或对为什么不必出庭的说明。

（2）第 1 款所指的证明文件不存在、不完整或明显不符合要执行的裁决的，主管机构可以设置一个出具、补充或更正的期间。第 1 款所指的证明文件不完整的，如果能从要执行的裁判或其他附随的文件材料中获得所要求的说明的，主管机构可以放弃出具证明的要求。

第 88 条 c　拒绝理由

根据第 88 条 a 获得许可的请求可以被拒绝，如果：

1. 符合关于没收的框架决议第 4 条的证明文件，没有在符合第 88 条 b 第 2 款第 1 句的程序中被提出请求的成员国出具、补充或更正的。

2. 行为在国内或《刑法典》第 4 条所指的交通工具上实施的。

3. 行为既不在国内也不在其他成员国的主权范围内实施，不适用德国刑法或行为根据德国法不受刑罚威胁的。

4. 追缴与没收的命令是在国内作出并涉及相同的财产价值，而且出于公共利益，应当同意优先执行该追缴与没收的命令的。

5. 第三国提出了出于执行追缴与没收的命令的目的的请求，涉及相同的财产价值，而且出于公共利益，应当同意优先执行该追缴与没收的命令的。

第 88 条 d　程序

（1）具有主管权的检察院根据第 50、51 条考虑是否许可请求，如果其不准备根据第 88 条 c 提出拒绝理由，则必须根据《刑事诉讼法》第 111 条 b 至 111 条 d 的规定，为对要执行的财产价值执行临时性保全而提出适当和必要的措施，并给予当事人以及有可能根据案件情况对要被执行的标的主张权利的第三人陈述的机会。检察院如果决定不根据第 88 条 c 第 1~3 款提出拒绝理由的，其必须在申请对可执行性进行法院裁决时对该决定说明理由。

（2）主管机构可以推迟程序，

1. 只要发现，命令已经同时在其他成员国完全执行的。或

2. 只要承认与执行外国命令的程序会妨碍正在进行的刑事或执行程序的。

（3）法院可以偏离第 54 条第 1 款的规定，根据第 50~55 条宣告外国命令可执行，只要其执行得到许可而且检察官作出的不

根据第 88 条 c 第 1~3 款提出拒绝理由的裁量无误。要执行的金额以及财产标的应以裁定的形式说明。科处的处罚应转换为德国法上与其最相应的处罚，当外国命令的裁判形式根据刑事诉讼法第 459 条 g 不可执行时。

第 88 条 e　执行

（1）在符合如下条件时适用第 57 条第 1 款：执行外国命令的管辖权也适用《少年法院法》的规定，当处罚不能根据第 88 条 d 第 3 款第 4 句转换，而且法院在对可执行性作出裁判时适用了《少年法院法》时。

（2）在符合如下条件时适用第 57 条第 4 款：为获取对财产的代替宣誓的保证或财产标的的下落而羁押的命令，只有获得提出请求的成员国的主管机构的同意时才能作出。

（3）执行可以根据第 88 条 d 第 2 款的规定临时中止。

第 88 条 f　收益的分配

从执行中获得的收益应与提出请求的成员国对半分配，如果收益再未扣减费用或损害赔偿（第 56 条 a）时达到了 1000 欧元以上而且不能根据第 56 条 b 第 1 款达成协定的。该规定不适用于根据第 56 条 b 第 2 款拒绝必要的同意的情况。

第 89 条　保全措施

对欧盟成员国根据《刑事诉讼法》第 111 条 b 至第 111 条 d 的规定提出的，出于准备在成员国作出的没收或追缴裁判的目的而采取保全措施的请求，适用《刑事诉讼法》第 91 条以及第 94~96 条的相关规定。

第 90 条　提出请求

（1）主管机构可以根据有关没收的框架决议的规定，出于执行追缴或没收命令的目的，向欧盟其他成员国提出请求。同样的请求可以向第三国提出，如果：

1. 有正当的理由认为，为要执行的裁判所涵盖的确定的或不同的财产标的的可能位于不同的国家。或

2. 对确定的财产标的的执行或因金额而要向诸多成员国提出请求的。

（2）尚未完成的请求应在第 1 款的条件不再具备时撤回。

（3）追缴或没收命令涉及确定的财产标的的，执行的主管机构可以同意以与其价值相当的金额替代执行，只要根据《刑法典》第 76 条作出裁判。

（4）在此适用本法第六编第 71 条第 5 款以及第 71 条 a、第 72 条的相关规定。

第四章　缓刑以及其他替代的处罚措施

第一节　在德国对外国的缓刑以及其他替代的处罚措施的监督

第 90 条 a　基本原则

（1）根据本节的规定，对欧盟其他成员国的执行协助适用欧盟理事会 2008 年 11 月 27 日颁布、被第 2009/299/JI 号有关缓刑监督的框架决议（ABl. L 81 vom 27.3.2009，S. 24）修改《关于相互承认判决和缓刑裁定兼及缓刑措施与替代性处罚的监督》的第 2008/947/JI 号 框 架 决 议（ABl. L 337 vom16.12.2008，S. 102）的标准。

（2）在此应当适用本法第四编以及第一编与第七编的一般性规定。

1. 只要该节没有包含特别规定；或

2. 如果请求不符合缓刑监督的框架决议的标准。

（3）只要本节包含了排除性规定，就优先于第 1 条第 3 款的国际公约。

第 90 条 b　许可的条件

（1）外国裁判的执行，以及对以之为基础的缓刑措施或替代性处罚的监督，在符合缓刑的框架决议时，在以下情况中可以偏离第 49 条的规定：

1. 其他成员国的法院作出了有法律效力的、可执行的判决。

2. 法院

a）对在裁判中科处的剥夺自由的处罚宣告缓刑；

b）对在裁判中科处的剥夺自由的处罚的余刑宣告缓刑；或

c）针对被判刑人科处第 6 项所指的替代性处罚以及在与该处罚冲突的情况下决定科处剥夺自由的处罚。

3. 在第 90 条 h 第 5 款的情况下，通过法院科处或根据第 2 项字母 c 决定的剥夺自由的处罚可以转换为与德国法最相符的处罚。

4. 根据德国法，尽管存在程序障碍，或在必要时对案件事实做符合德国法精神的转换，仍然能对裁判据以作出的行为科处刑罚、矫正和保安处分措施和罚金的。

5. 被判刑人

a）具有德国国籍或在德国境内长期拥有合法的经常居住地而且没有任何废止该居住地的程序正在进行的；

b）经常居住在德国境内。以及

6. 被判决者被施加如下的缓刑措施或被科处如下的替代性处罚：

a）向确定的机构报告变更住所或更换工作的义务；

b）不得进入德国或其他成员国境内的确定场所或区域的义务；

c）限制离开德国境内的确定区域的义务；

d）含有与行为、居住地、教育和学习或业余活动有关的，或对职业活动加以限制和限定方式的义务；

e）在确定的时间向确定的机构报告的义务；

f）避免与确定的人之间的接触的义务；

g）避免与确定的对象之间的接触的义务，这些对象要么是被判刑人用来实施犯罪行为的，要么是可能被用来实施犯罪行为的；

　　h）在经济上补偿因犯罪行为而造成的损害的义务；

　　i）证明遵守了所规定的义务的义务；

　　j）证明在经济上补偿了因犯罪行为而造成的损害的义务；

　　k）参加公益劳动的义务；

　　l）与缓刑帮助人一起工作的义务；

　　m）与身体伤害的治疗或戒毒过程有关的义务，如果被判决者以及必要时由其监护人或法定代理人对此表示同意；

　　n）竭尽所能补偿因犯罪行为而造成的损害的义务；

　　o）犯罪时未满 21 岁的人向被害人谢罪的义务；

　　p）鉴于犯罪行为与犯罪人的个人情况，科处向慈善机构捐赠金钱的义务比较合适的；或

　　q）其他合适的能够帮助被判决者不再犯罪的义务；或能够规制犯罪时不满 21 岁的人的生活方式，帮助和确保改善其教养的义务。

　　根据第 1 句第 2 项 b 目作出的裁判可以由其他成员国的法院和主管机构作出。

　　（2）在税收、关税以及货币事项中，外国裁判的执行，以及对以之为基础的缓刑措施或替代性处罚的监督，可以偏离第 1 款第 1 句第 4 项的规定，如果德国法没有包括与其他成员国有关税收、关税以及货币事项的法同类型的规定。

　　（3）缓刑措施或替代性处罚的监督可以得到许可（不包括外国裁判的执行），如果：

　　1. 法院代替第 1 款第 1 句第 2 项的裁判：

　　a）针对被判决者科处第 1 款第 1 句第 6 项所指的替代性处罚以及决定与该处罚不冲突的剥夺自由的处罚；

　　b）以以下方式有条件地暂缓刑罚替代：对被判决者施加一个或更多的缓刑措施；

　　c）对被判决者施加一个或多个缓刑措施以替代剥夺自由的

处罚。

2. 剥夺自由的处罚在第 90 条 h 第 5 项的情况中不能偏离第 1 款第 1 句第 3 项的规定，转换为与德国法最相符的处罚的；或

3. 针对裁判据以作出的行为，不能偏离第 1 款第 1 句第 4 项的规定，科处刑罚、矫正和保安处分措施和罚金的。

第 90 条 c　补充的许可条件

（1）裁判的执行，以及对以之为基础的缓刑措施或替代性处罚的监督不得被许可，如果：

1. 被判刑人在行为时根据《刑法典》第 19 条无责任能力，或根据《少年法院法》第 3 条不负责任；

2. 被追诉者缺席裁判据以作出的法院审理的；

3. 被判刑人

a）因为裁判据以作出的同一行为，已经由其他成员国作出裁判的，又受到具有法律效力的裁判；以及

b）已经被判处处罚并执行的，或该处罚根据裁判国的法律不再能执行的；或

4. 对裁判据以作出的行为，德国法院有管辖权的，而按照德国法执行已过时效或对案件事实做符合德国法精神的转换已过时效的。

（2）如果被判决者提出申请，则可以偏离第 1 款第 4 项和第 90 条 b 第 1 款第 1 句第 4 项的规定，对其他成员国的裁判科处的处罚的执行以及对以之为基础的缓刑措施或替代性处罚的监督宣告许可。被判决者根据第 1 句提出的申请应当记入法官的笔录。该申请不得撤回。应当事先告知被判决者申请的法律后果以及该项申请不得撤回。不存在第 90 条 b 第 1 款第 1 句所指的条件时，申请的上限在根据第 90 条 h 第 4 款和第 5 款对处罚做转换后，为 2 年的剥夺自由。

（3）裁判的执行，以及对以之为基础的缓刑措施或替代性处罚的监督也可偏离第 1 款第 2 项的规定得到许可，如果：

1. 被判刑人

a) 法定期间内

aa) 被传讯参加会产生裁判的法院审理；或

bb) 被以其他的方式，事实上且正式地通知会产生裁判的法院审理的期日与地点，以至于能毫无疑问地证明，被判决者知悉该确定的法院审理的；以及

b) 据此可以表明，裁判在被判决者缺席时也可以作出的。

2. 被判决者知悉针对其的有辩护人参加的诉讼程序，却以逃避的方式躲避对其的传讯的；或

3. 被判决者知悉确定的法院审理，全权委托辩护人在法院审理中为其辩护，借此在该法院审理程序中事实上得到辩护的。

（4）偏离第1款第2项的裁判的执行，以及对以之为基础的缓刑措施或替代性处罚的监督同样可以得到许可，如果被判决者在裁判送达后：

1. 明确声称，对裁判无争议的；或

2. 在法定期间内没有申请再审或上诉程序的。

必须在此之前明确告知被判决者，其有权申请再审或上诉程序；其能够参加这些程序；在程序中可以重新审查案件事实，包括新的证据方法；原裁判可以被撤销。

第90条d 文件材料

（1）外国裁判的执行，以及对以之为基础的、符合关于缓刑监督的框架决议的标准的缓刑措施或替代性处罚的监督，只有在其他的成员国提交裁判的原件或经过认证的裁判和必要时缓刑决定的副本，以及按照修正过的关于缓刑监督的框架决议的附录Ⅰ的格式完整填写的证明文件时，才能许可。

（2）存在第1款所指的证明文件，但是不完整时，主管机构可以放弃出示完整的证明文件，只要所需要的说明可以从要执行的裁判或其他附随的文件材料中获得。

第 90 条 e 批准的障碍因素

（1）外国裁决的执行，以及对以之为基础的缓刑措施或替代性处罚的监督，只要执行和监督根据第 90 条 b 至第 90 条 d 获得许可，只有在满足以下一个或多个条件时，才能拒绝：

1. 证明文件（第 90 条 d 第 1 款）

a）就其说明来看与要求的格式不符或与外国裁判或缓刑决定明显不符；以及

b）其他成员国补交的说明不完整或未订正。

2. 裁判的执行是针对在德国境内有经常住所的具有德国国籍的人；

3. 行为主要在德国境内实施，或在《刑法典》第 4 条所指的交通工具上实施的；

4. 缓刑措施或替代性处罚的期限总计少于 6 个月。

（2）可以拒绝根据第 90 条 b 至第 90 条 d 获得许可的其他成员国裁判的执行准许（不包括对以之为基础的缓刑措施或替代性处罚的监督），检察官或法院确定，外国裁判只能部分执行的，以及不能获得其他成员国的主管机构对裁判应当执行到什么程度的同意的。

第 90 条 f 临时的准许决定

（1）主管的检察院根据第 50 条第 2 款与第 51 条对外国裁判的执行，以及对以之为基础的缓刑措施或替代性处罚的监督的准许作出决定。其必须给予被判决者表述意见的机会。如果被判决者已经在其他成员国被询问过，则不必给予。

（2）检察院可以作出不适用第 90 条 e 对准许的障碍的条款的决定，其应当在请求法院对外国裁判的可执行性以及缓刑措施或替代性处罚的监督的可允许性作出裁判的申请中说明决定的理由。

（3）检察决不批准在德国境内执行外国裁判以及对以之为基础的缓刑措施或替代性处罚的监督的，必须说明裁决的理由。如果被判刑人已经表示同意在德国境内执行外国裁判以及缓刑措施或替代性处罚的监督的，检察院必须向其送达该决定。被判决者可以在告知后的两周内申请法院作出裁判。在此适用《刑事诉讼法》第297~300条与第302条第1款第1句与第2款关于上诉以及《刑事诉讼法》第42~47条关于期间和恢复原状的规定。

（4）检察院既可以根据第3款不准许外国裁判以及缓刑措施或替代性处罚的监督，也可以单独准许缓刑措施或替代性处罚的监督。检察院应当在请求法院对缓刑措施或替代性处罚的监督的可允许性作出裁判的申请中说明决定的理由。

第90条g 法院程序

（1）有管辖权的州法院，根据检察院按照第90条f第2款和第4款第2句，或被判刑人按照第90条f第3款第3句提出的申请，依据第50条第1句和第51条作出裁决。检察院为裁决做准备。

（2）如果对被判刑人行使权利有必要，法院必须向其送达第90条d所指的文件材料的副本。

（3）在检察院根据第90条f第2款对外国裁判可执行性或根据第90条f第4款第2句对监督的可允许性申请法院裁判时，除了副本外，还要向其被判决者送达根据第90条f第2款和第4款第1句作出的决定的副本。被判决者必须在法院规定的期间内对检察院的申请表明态度。

（4）法院对裁判的准备，在符合如下条件时适用第52条第1款的规定：必须给予其他成员国的主管机构，在提交的文件材料不足以判断检察院的裁量是否无误时，补充相关材料的机会。可设定补充文件材料的期间。

（5）在符合如下条件时适用第30条第2款第2句的规定：法院必须证明检察院的裁量有误。在此适用第30条第2款第4句、第3款以及第31条第1款和第4款的规定。被判决者处于本法的适用范围时，适用第30条第2款第1句和第31条第2款和第3款的规定。

第90条 h　法院裁判

（1）州法院以决议的形式，根据第90条f第2款、第3款和第4款对请求法院裁判的申请作出裁判。

（2）被判决者未遵守第90条f第3款第3句和第4句关于请求法院裁判的申请的规定时，法院不许可并驳回该申请。该裁定不可上诉。

（3）对外国裁判，法院在缓刑被撤销或针对被判刑人科处之前确定的处罚的条件下，可以偏离第54条第1句的规定，根据第50条第1句和第55条宣告外国裁判为可执行以及许可缓刑措施或替代性处罚的监督，只要外国裁判的执行和缓刑措施或替代性处罚的监督得到许可并且检察院：

1. 无误地运用其裁量权，根据第90条e作出不适用对准许的障碍的条款的决定；或

2. 有误地运用其裁量权，根据第90条e作出适用对准许的障碍的条款的决定，而且不存在其他有效的裁量决定；法院在考虑其他的裁量决定时，可以撤销检察院的决定，向其发出根据法院的理解重新作出决定的文书。

（4）外国裁判所科处的处罚超过了本法的适用范围对受威胁的行为所规定的上限的，法院根据该上限减轻处罚。在此适用第54条第1款第4句、第54条a的规定。

（5）法院在裁判中可以根据第3款和第4款，将科处的或之前确定的剥夺自由的处罚转换为德国法上与其最相应的剥夺自由的处罚，如果：

1. 科处的或之前确定的剥夺自由的处罚在性质上与本法的适用范围内有效的法律规范所规定的处罚不相符合；或

2. 被判决者在行为时未满21周岁；对此适用第54条第3款的规定。

被转换的处罚的幅度必须与外国裁判一致；由其他成员国科

处的处罚在转换后不得加重其性质或刑期。

（6）缓刑措施与替代性处罚的监督可以偏离第 3 款的规定单独得到许可，如果：

1. 缓刑措施与替代性处罚的监督，根据第 90 条 b 第 3 款得到许可；而且检察院

a）无误地运用其裁量权，根据第 90 条 e 第 1 款作出不适用对准许的障碍的决定；或

b）有误地运用其裁量权，根据第 90 条 e 第 1 款作出适用对准许的障碍的决定，而且不存在其他有效的裁量决定；法院在考虑其他的裁量决定时，可以撤销检察官的决定，向其发出根据法院的理解重新作出决定的文书。

2. 检察院无误地运用其裁量权，根据第 90 条 e 第 2 款作出适用对准许的障碍的决定。

（7）法院在裁判中根据第 3 款和第 6 款将针对被判决者施加的缓刑措施或科处的替代性处罚转换为德国法上与其最相应的命令与指示，如果：

1. 施加的缓刑措施或科处的替代性处罚在种类与本法的适用范围内有效的法律规定的命令与指示不符的；

2. 不满足本法的适用范围内有效的法律规定的命令与指示所规定的法令的条件的；

3. 施加的缓刑措施或科处的替代性处罚对被判决者的生活方式提出了不合理的要求；或

4. 施加的缓刑措施或科处的替代性处罚不充分。

外国裁判或缓刑决定规定了超过 5 年的缓刑考验期或行为监督的，法院在刑法典第 68 条 c 第 2 款和第 3 款规定的情况下，根据最高不超过 5 年的上限确定缓刑考验期或行为监督。在适用《少年刑法》时，在符合如下条件时适用第 2 款的规定：在缓刑考验期或行为监督超过 3 年的情况下将上限确定为 3 年。在符合如下条件时适用第 55 条第 1 款第 2 句的规定：根据决定的格式，

对要监督的缓刑措施或替代性处罚以及在有必要时缓刑考验期作出说明。

第 90 条 i　根据法院裁决的准许

（1）外国裁判以及缓刑措施或替代性处罚的监督被法院宣告为可执行时，检察院才能准许执行协助。法院单独宣告许可监督时，检察院只能准许监督的执行。

（2）检察院根据法院生效裁判的标准准许执行和监督。检察院在接收第 90 条 d 所指的文件材料后，应当在 60 日内作出决定。对具有最终效力的拒绝准许的决定应当说明理由。

（3）该准许决定不可上诉。

第 90 条 j　执行的补充规定

（1）在外国裁判以及以之为依据的缓刑措施的监督的执行获准后，根据第 90 条 h 有管辖权的法院在缓刑考验期内监督被判决者的生活方式，特别是命令、指示和被判决者主动提出的给予与承诺是否履行。法院可以作出与缓刑的执行条件有关的所有附加裁判，只要其他成员国中止监督。科处的或之前确定的剥夺自由的处罚根据第 90 条 h 第 5 款第 1 句第 2 项转化为《少年法院法》所许可的处罚时，对被判决者的生活方式的监督以及与缓刑的执行条件有关的所有附加裁判的管辖权，根据《少年法院法》的规定确定。

（2）其他成员国的法院对被判决者科处一个或多个第 90 条 b 第 1 款第 1 项所指的替代性处罚以及在与替代性处罚冲突的情况下确定剥夺自由的处罚的（第 90 条 b1 款第 1 句第 2 项字母 c），在符合如下条件时适用第 1 款的规定：法院监督替代性处罚的遵守以及在必要时对被判决者科处之前确定的剥夺自由的处罚，如果法院根据刑法典第 56 条 f 和第 67 条 g 或根据《少年法院法》第 26 条撤销剥夺自由的处罚的中止执行的。

（3）法院应当告知被判刑人

1. 中止处罚或缓刑措施的含义，以及替代性处罚和行为监督的含义；

2. 缓刑考验期与行为监督的期限；

3. 缓刑措施；以及

4. 撤销中止或科处之前确定的剥夺自由的处罚的可能性。

法院根据第 90 条 h 第 7 款将命令与指示转化为《刑法典》第 68 条 b 第 1 款的指示的，法院也必须通知被判刑人根据刑法典第 145 条 a 受罚的可能性。审判长可以委托受托法官与调查法官通知。

（4）在缓刑措施或替代性处罚的监督在德国境内开始后，可以不适用第 57 条第 6 款的规定，停止执行和监督，如果：

1. 其他成员国的主管机构通知，执行的条件因再审程序、大赦或恩赦的原因而不复存在；

2. 被判刑人已经逃离德国。

执行和监督在以下情况中也可停止：被判决者在德国境内不再有合法的经常居住地或其他成员国在其他案件中对被判决者开启刑事程序并请求停止执行和监督的。

第 90 条 k　对被判刑人的监督

（1）检察院单独准许缓刑措施或替代性处罚的监督的，法院在缓刑考验期内仅监督被判刑人的生活方式以及对其施加的缓刑措施与替代性处罚的遵守，只要其他成员国中止监督。在此适用第 90 条 j 第 1 款第 3 句的规定。

（2）检察院不准许裁判执行，但是因为存在第 90 条 b 第 3 款第 1 项或第 2 项的情况或根据第 90 条 e 第 2 款无误并有效地作出对准许的障碍的而使缓刑措施或替代性处罚的监督得到许可的，法院可以根据第 1 款对监督作出如下的附加裁判：

1. 将缓刑考验期与行为监督的期限缩减到最低限度；

2. 将缓刑考验期与行为监督的期限延长到最高限度；以及

3. 命令与指示的作出、改变与取消，包括被判决者在缓刑考验期内的全部或部分期间内遵从缓刑考验官的监督或指导的指示。

在此适用第 90 条 j 第 1 款第 3 句的规定。

（3）在缓刑措施或替代性处罚的监督开始后，可以停止监督，如果：

1. 其他成员国的主管机构通知，执行的条件不复存在；

2. 被判刑人已经逃离德国；或

3. 法院撤销中止缓刑或科处之前确定的剥夺自由的处罚。

在此适用第 90 条 j 第 4 款第 2 句的规定。

（4）法院应当毫不迟延地通知其他成员国的主管机构：

1. 每一个与缓刑措施或替代性处罚的冲突，如果其根据第 1 款在缓刑考验期内单独监督被判刑人的生活方式以及缓刑措施和替代性处罚的遵守的；

2. 根据第 2 款作出的附加裁判；以及

3. 根据第 3 款停止监督。

第 1 句第 1 项和第 2 项的通知，以及与第 3 款第 1 句第 1 项有关的第 1 句第 3 项的停止监督的通知，应当使用缓刑的框架决议的附录 II 的反馈格式。

（5）在符合如下条件时适用第 90 条 i 第 3 款的规定：法院未通知被判刑人撤销中止或科处之前确定的剥夺自由的处罚的可能性，而是通知根据第 3 款第 1 句第 3 项停止监督的可能性。

第二节　德国的缓刑措施在欧盟其他成员国的监督

第 90 条 l　执行和监督的准许

（1）执行机构可以偏离第 71 条的规定，根据框架决议的标准，将以下事项移转给其他成员国：

1. 科处的剥夺自由的处罚在本法的适用范围内的执行，其执行或对缓刑的继续执行已经中止；以及

2. 向被判刑人作出的有关全部或部分缓刑考验期的命令与指示的监督；

第 1 句第 1 项的执行只能与第 1 句第 2 项的执行一并移管。执行机构应当给予被判决者表达意见的机会。在被判刑人自己提出将执行和监督移转到其他成员国时，则不必征求其意见。

（2）被判刑人处于德国境内时，执行机构仅能在如下情况下准许将执行和监督移转给其他成员国：被判刑人自己对此表示同意的，其同意必须记入法官的笔录。该同意不可撤回。应当告知被判刑人其同意的法律后果以及不可撤回性。

（3）执行机构决定提出移转至其他成员国执行和监督的请求的，必须将其书面通知被判刑人。被判刑人处于其他成员国的主权范围内的，执行机构可以请求该国的主管机构向被判刑人送达这一通知。执行请求必须附有被判刑人及其法定代理人提交的书面形式的声明。

（4）执行机构可以撤回执行和监督申请，只要其他成员国尚未开始监督。

（5）执行机构不准许根据第 1 款第 1 句第 1 项将剥夺自由的处罚的执行，以及根据第 1 款第 1 句第 2 项将命令与指示的监督移转给其他成员国或根据第 4 款撤回提出的申请的，必须对此决定说明理由。在被判刑人对在其他成员国执行和监督表示同意时，执行机构必须将这一决定通知被判刑人。被判刑人可以在收到通知后的两周内申请法院裁判。前述情况适用《刑事诉讼法》第 297 至 300 条以及第 302 条第 1 款第 1 句和第 2 款关于法律救济，第 42～47 条关于期间以及恢复原状的相关规定。

第 90 条 m　被判刑人申请的法院程序

（1）根据第 71 条第 4 款第 2 句和第 3 句有管辖权的州高等法院，以裁定的形式对被判刑人根据第 90 条 l 第 5 款第 3 句提出的申请裁判。执行机构为裁判做准备。在此适用第 13 条第 1 款第 2 句、第 30 条第 2 款第 2 句和第 4 句以及第 3 款、第 31 条第 1 款和第 4 款，以及第 33 条、第 42 条和第 53 条的规定。被判刑人处于本法的适用范围内的，也适用第 30 条第 2 款第 1 句以及

第31条第2款和第3款的规定。

（2）被判刑人未遵守第90条l第5款第3句和第4句关于申请法院裁判的规定的，法院不许可并驳回该申请。该裁定具有终审效力。

（3）被判刑人请求法院裁判的申请以无理由为由驳回，如果：

1. 根据缓刑监督的框架决议的标准，按照第90条l第1句，不允许将在本法的适用范围内作出的裁判的执行以及以之为依据的命令与指示移转至其他成员国的；或

2. 执行机构根据第90条l第1款第1句和第4款无误地运用了裁量权的。

（4）只要被判决者请求法院裁判的申请获准而且有理由，而且不存在其他由执行机构作出的有效的裁量决定的，法院可以宣告许可将第90条l第1款第1句第1项的剥夺自由的处罚的执行和第90条l第1款第1句第2项的命令与指示的监督移转至其他成员国。法院在考虑其他的裁量决定时，可以撤销执行机构的决定，向其发出根据法院的理解重新作出决定的文书。

（5）执行机构根据法院生效裁判的标准准许在其他成员国的执行和监督。该准许决定具有终极效力。

第90条n　国内的执行程序

（1）其他成员国已经接管并执行时，德国的执行机构停止执行和监督。德国的执行机构可以继续执行和监督，只要其他成员国通知，其已经停止继续执行和监督的。

（2）其他成员国转换或事后改变原来对被判刑人作出的全部或部分缓刑考验期的命令与指示时，有管辖权的法院将其转换为与第90条h第7款第1句相符的命令与指示。有权根据《刑事诉讼法》第453条和《少年法院法》第58条作出裁判的法院有管辖权。

（3）其他成员国将原来确定的缓刑考验期延长一半以上的，

如果该考验期超过了 5 年，法院可以根据这一上限削减缓刑考验期的期间。在适用《少年刑法》时，在符合如下条件时适用第 2 款的规定：上限为 4 年。被判刑人履行命令、给予、命令与承诺时所提交的给付，应当算入缓刑考验期内。

第五章　避免侦查羁押的措施的监督

第 90 条 o　基本原则

（1）根据本章，对欧盟其他成员国的执行协助以及为欧盟其他成员国所做的执行协助适用欧盟理事会 2009 年 10 月 23 日《关于欧盟成员国之间相互承认对作为侦查羁押的替代的监督措施的裁判所适用的原则》（ABl. L 294 vom 11.11.2009，S. 20）的框架决议（监督令框架决议）的规定。

（2）只要本编没有包括特别规定，就适用本法第一编和第七编的规定。在此适用第 53 条的规定。

（3）除非其包括排除性规定，本章优先于第 1 条第 3 款所指的国际协定。

第 90 条 p　许可的条件

（1）欧盟其他成员国为避免使用侦查羁押而根据其本国法和程序对自然人科处的命令和指示（措施），可以在德国得到监督。监督不被许可，如果：

1. 根据德国法，尽管存在程序障碍，或在必要时对案件事实做符合德国法精神的转换，仍然能对裁判据以作出的行为科处刑罚、矫正和保安处分措施和罚金的；

2. 受监督者在被通知该监督措施后，返回德国境内或宣布留在德国境内的；

3. 受监督者

a）具有德国国籍或在德国境内有合法的经常居住地的；或

b）有意地立即在德国境内设立经常居住地，而且满足了入

境德国并在德国居留的条件的；以及

4. 有如下一个或多个措施应当受监督，更确切地说，应当：

a）向确定的机构报告变更住所的义务；

b）不得进入德国或其他成员国境内的确定场所或区域的义务；

c）必要时在确定的时间内停留在确定的地点的义务；

d）限制离开德国境内的义务；

e）在确定的时间向确定的机构报告的义务；

f）避免与确定的人之间的接触的义务；

g）不得实施与被指控的犯罪有关的确定行为；

h）缴纳确定的、适度的金钱或缴纳保释金的义务，这些金钱要么是按确定的比例要么是一次性缴纳的；

i）不得与被指控的犯罪有关的对象接触的义务。

（2）税收、缴纳、关税以及货币事项方面的措施的监督，可以不适用第1款第2句第1项的规定得到许可，如果德国法没有与其他成员国的法同类的税收、缴纳、关税以及货币事项方面的规定。

（3）某种措施的监督不得获准，如果：

1. 被判决者在行为时根据《刑法典》第19条无责任能力，或根据《少年法院法》第3条不负责任；

2. 被判决者

a）因为裁判据以作出的同一行为，已经由其他成员国作出裁判的，又受到具有法律效力的裁判；以及

b）已经被判处处罚并执行的，或该处罚根据裁判国的法律不再能执行的；或

3. 德国法亦有理由裁判的犯罪行为根据德国法已过时效的。

第90条q 文件材料

（1）对符合监督令框架决议的标准的措施的监督，只有在其他的成员国提交关于该措施的可执行的裁判的原件或经过认证的

副本，以及按照修正过的关于监督令框架决议的附录Ⅰ的格式完整填写的证明文件时，才能许可。

（2）第1款所指的证明文件不完整时，主管机构可以放弃出示完整的证明文件，只要所需要的说明可以从要执行的裁判或其他附随的文件材料中获得。

第90条r　对同意的障碍

根据第90条p和第90条q获得许可的对措施的监督的准许可以被拒绝，如果：

1. 证明文件（第90条q第1款）不完整或与要执行的裁判明显不符，而且其他成员国没有将其补充完整或修正的；

2. 对受监督者的引渡因与被监督的措施相冲突而必须被拒绝的；

3. 在德国境内长期拥有合法的经常居住地而且没有任何废止该居住地的程序正在进行的；

4. 在第90条p第1款第2句第3项b目的情况中，受监督者的监督在个案中，由其他成员国监督更为合适的。

第90条s　临时性的准许决定

（1）根据第51条主管的检察院对是否准许接管监督作出决定。

（2）如果受监督者之前没有声明，检察院必须给予其表述意见的机会。

（3）检察院可以作出不适用第90条r对准许的障碍的条款的决定，其应当在请求法院对接管监督的许可作出裁判的申请中说明决定的理由。在通过检察官提出法院裁判申请前，应当向其他成员国的主管机构通知：

1. 对受监督者的引渡因与被监督的措施相冲突而被拒绝时所必须说明的理由；以及

2. 不作出对准许的障碍的条款的决定。

（4）检察官不准许接管监督的，必须说明理由。检察官必须向受监督者送达该决定。受监督者可以在告知该拒绝的准许决定后的两周内申请法院作出裁判。在此适用《刑事诉讼法》第297～300条与第302条第1款第1句与第2句关于上诉以及第42～47条关于期间和恢复原状的规定。

第90条t 法院程序

（1）初等法院对检察官根据第90条s第3款第1句或受监督者根据第90条s第4款第3句提出的申请进行裁判。在此适用第51条的规定。检察院为裁判做准备。

（2）法院对裁判的准备，在符合如下条件时适用第52条第1款的规定：当送达的文件材料不足以判断检察官是否无误地运用了裁量权时，必须给予其他成员国的主管机构补充提交文件材料的机会。法院可以为补交文件材料设定期限。

（3）在符合如下条件时适用第30条第2款第2句的规定：法院能够证明检察官是否无误地运用了其裁量权。在此适用第30条第2款第4句、第3款以及第31条第1款和第4款的规定。被判决者处于本法的适用范围内的，适用第30条第2款第1句以及第31条第2款和第3款的规定。

第90条u 法院对是否许可的裁判

（1）初等法院以裁定的形式对根据第90条s第3款第1句或第4款第3句提出的申请进行裁判。裁定中必须在准予的裁判部分明确确定受监督的措施。

（2）受监督者未遵守第90条s第4款第3句关于申请法院裁判的规定的，法院不许可并驳回该申请。该裁定具有终审效力。

（3）法院命令实施对措施的监督，如果裁判获准并且：

1. 检察院无误地运用其裁量权，根据第90条r作出不适用对准许的障碍的决定；或

2. 检察院有误地运用其裁量权，根据第90条r作出不适用对准许的障碍的决定，而且不存在其他有效的裁量决定；法院在

考虑其他的裁量决定时，可以撤销检察官的决定，向其发出根据法院的理解重新作出决定的文书。

（4）法院转换对受监督者施加的措施，如果：

1. 根据本法的适用范围内有效的法律，不符合该措施的条件的；或

2. 施加的监督措施被确定为不充分的。

被转换的措施必须尽可能地与施加国施加的措施保持一致。被转换的措施不得重于施加国施加的措施。应当毫不迟延地将根据本款进行的转换通知其他成员国的主管机构。

（5）检察官与受监督者可以立即对初等法院的裁定提出抗告。第2款第2句不受影响。在此适用第42条的相关规定。

第 90 条 v　根据法院裁判的准许

（1）法院裁判宣告许可接管监督时，检察院才能准许。检察院根据可执行的法院裁判的标准准许监督，该准许决定不可上诉。

（2）检察院在接收第 90 条 q 所指的文件材料后，应当在 20 个工作日内作出决定。对具有最终效力的拒绝准许的决定应当说明理由。根据第 90 条 u 第 5 款针对法院裁判提出抗告的，批准的期间再延长 20 个工作日。

（3）检察院因特殊情况不能遵守第 2 款的期间规定的，应当毫不迟延地通知措施施加国的主管机构，告知其迟延的原因以及裁判所需要的大概时间。

第 90 条 w　监督的执行

（1）根据第 90 条 u 负责裁决的法院，应当在接管监督获准后在其他成员国的主管机构通知的时期内毫不迟延地进行监督。法院可以将监督的全部或一部交由受监督者在其地区内有住所或虽无住所但有经常居住地的法院执行。这一交付执行是强制的。

（2）只要本法规定了检察院的听证与合作，就由对法院的许可裁判做准备的检察院对此负责。其管辖权不受第 1 款的交付执

行的影响。

（3）法院应当毫不迟延地通知其他成员国的主管机构：

1. 受监督者变更住所；

2. 受监督者在州境内不需要再汇报的居住地；

3. 与措施的冲突以及能够导致在相关措施的决定之外再作出其他决定的裁判。在此必须按照修正过的关于监督令框架决议的附录Ⅱ的格式。

（4）法院停止监督，如果：

1. 其他成员国的主管机构撤回证明文书的，或以其他适当的方式通知应当终止对措施的监督的；

2. 受监督者在州境内不需要再汇报的居住地；

3. 受监督者在国内不再拥有合法的经常居住地；或

4. 其他成员国的主管机构改变措施，因此导致第90条 p 第1款第2句第4项意义上的措施不存在的。

根据第1句所作的裁判以裁决的形式作出。

（5）法院可以停止监督，如果其他成员国的主管机构没有在相关措施的决定之外再作出其他决定，虽然法院：

1. 多次就同一人向其他成员国的主管机构根据第3款第3项作出通知的；

2. 设定在相关措施的决定之外再作出其他决定的合适期间的。

根据第1句所作的裁判以裁定的形式作出。

（6）法院裁定根据第5款终止监督的，应当书面通知其他成员国的主管机构。

第90条 x　更新和变更后的措施

在符合如下条件时，第90条 o 至第90条 w 的规定也适用于更换和变更后的措施的接管与监督：在此类裁判中不存在根据第90条 p 第1款第2句第2项和第3项，第3款以及第90条 r 和第77条第2款所进行的重新审查。此外，在关于更新后的措施的裁判中，不存在根据第 90 条 p 第 1 款第 2 句第 4 项所进行的重新审查。

第 90 条 y　监督的交付

（1）根据《刑事诉讼法》第 126 条有管辖权的法院，可以根据监督令框架决议的标准，将德国法院为避免对监督的侦查羁押而作出的监督措施移转至欧盟的其他成员国。移管获准只有在受监督者：

1. 在该成员国境内有合法的经常居住地；以及

2. 在被通知有关措施后，又宣告同意返回该成员国的；或

3. 已经停留在该成员国的。

法院应当给予检察院发表意见的机会。

（2）法院可以偏离第 1 款第 2 句第 1 项和第 2 项的规定，将对措施的监督移转至被监督者在其境内有合法的经常居住地的欧盟的其他成员国，只要被监督者对此提出了申请。

（3）法院应当毫不迟延地通知其他成员国的主管机构：

1. 与相关措施的裁判有关的其他裁判；

2. 对相关措施的裁判提出的法律救济。

（4）法院可以请求其他成员国的主管机构延长对措施的监督，如果：

1. 其他成员国的主管机构为许可对措施的监督提供了确定的期间；

2. 第 1 项的期间已过；而且

3. 法院认为仍有必要继续监督的。

（5）在根据第 4 款提出的请求中应当提供：

1. 延长的理由；

2. 监督措施不延长时会对受监督者带来的所能预料的后果；

3. 可预料的延长期间。

第 90 条 z　交付监督的撤回

（1）法院应当撤回交付监督的证明文件，如果羁押命令的条

件已不存在。法院可以撤回证明文件，如果：

1. 其他成员国的主管机构通知，其已经根据该国现行有效的法律对措施进行调整的；

2. 其他成员国的主管机构通知，其只能在有限的期间内对措施进行监督的；或

3. 其他成员国的主管机构通知，对受监督者的引渡因与被监督的措施相冲突而必须被拒绝的。

在第 2 句的情况中，撤回必须是在其他成员国开始监督后以及最迟在主管法院接收信息之后的 10 日内作出。

（2）法院再度管辖对措施的监督，如果：

1. 其他成员国的主管机构通知，受监督者已经将合法的经常居住地迁移至其他国家，而该国是已被告知的执行国的；

2. 法院改变措施而其他成员国拒绝监督改变后的措施的；

3. 在其他成员国对措施进行监督的最长时限已过的；

4. 其他成员国的主管机构决定，终止根据监督令框架决议第 23 条的标准所进行的对措施的监督，并将其通知法院的。

第十编 与欧盟成员国的其他司法协助活动

第一章 一般性规则

第91条 第十编的优先顺序

（1）只要本编没有包括特别规定，就适用本法有关欧盟成员国之间司法协助活动的其他规定。

（2）本编优先于第1条第3款所指的国际协定，除非其包括排除性规定。

（3）第92条至第92条b的规定在司法协助往来的框架中也适用于这样的国家：其根据与欧盟就转化、适用与发展申根协定问题而达成的联合协定适用申根协定的规定（申根联盟国家）。

第二章 司法协助的特别形式

第92条 将包括个人数据在内的信息传输到欧盟成员国

（1）基于欧盟成员国的刑事追诉机构根据欧盟理事会2006年12月18日《关于简化欧盟成员国的刑事追诉机构之间的信息与裁判的交换》（ABI. L 386 vom 29.12.2006，S.89，L 75 vom 15.3.2007 S.26）的第2006/960/JI号框架决议的规定而提出的请求，联邦与州的具有管辖权的警察机构可以出于刑事追诉的目的而传输包括个人数据在内的信息。传输必须遵守像传输给国内警察机构那样的法定条件。联邦刑事警察局法第3条关于联邦与州警察的国际职务往来的规定不受影响。

（2）在第1款所指的传输中，应当告知在法院程序中将数据作为证据方法而使用是不被许可的，除非根据第五编负责批准的机构同意将其作为证据使用。对请求有管辖权的主管机构根据第五编也可以作出事后同意。

（3）包括个人数据在内的信息传输不得被许可，如果：

1. 据此会损害联邦或州的重要利益的。

2. 被请求的机构没有要传输的数据，而且该数据仅能通过强制措施获得的。或

3. 数据的传输不符合比例原则，或数据被传输的目的不需要该数据的。

（4）根据第1款对请求作出的准许可以被拒绝，当

1. 被请求的机构没有要传输的数据，而且该数据仅能通过强制措施获得的。或

2. 据此，正在进行的侦查的结果、个人的身体、生命或自由会受到威胁的。或

3. 出于对行为进行追诉的目的而传输数据的，该行为根据德国法以最高1年以下的自由刑相威胁的。

（5）欧盟成员国根据第2006/960/JI号框架决议第2条a所任命的机构应视为欧盟成员国的刑事追诉机构。

第92条a　请求的内容

第92条第1款第1句所指的对请求的准许，只能在包含如下内容时才能许可：

1. 刑事追诉机构的名称与地址。

2. 出于对其追诉的目的而要求数据的犯罪行为的名称。

3. 请求据以提出的犯罪行为的事实的描述。

4. 要求数据的目的。

5. 要求信息或裁判的目的与与此信息有关的个人之间的联系。

6. 被告人身份的详细情况，只要侦查程序是针对已知的个

人进行的。

7. 认为在国内存在相关信息与裁判的理由。

第 92 条 b　根据第 2006/960/JI 号框架决议对包括个人数据在内的信息的使用

包括个人数据在内的信息，根据第 2006/960/JI 号框架决议，只能出于其被传输的目的，或为防止对当下公共安全的重大危险而传输至国内的警察机构。出于其他目的或在法院程序中作为证据方法而使用，只能由传输国许可。必须遵守传输国为数据的使用而设置的条件。

第 92 条 c　未经请求的数据传输

（1）只要国际协定有规定或根据第 2006/960/JI 号框架决议的规定，公共机构可以在未经请求的情况下，将为犯罪行为的嫌疑提供理由的与个人有关的数据传输至欧盟其他成员国或申根国家的公共机构以及欧盟的机构与设施，只要：

1. 未经请求的传输被允许传输到德国法院或检察官。或

2. 传输适用于：

a）在其他的成员国开启刑事程序。或

b）协助已经在其他的成员国开启的刑事程序的进行。

3. 数据传输至的机构，对第 2 项的措施具有管辖权的。

（2）在此适用第 61 条 a 第 2～4 款的相关规定。

第 93 条　联合侦查组

（1）在具有管辖权的德国成员的领导下，只要经过派遣国同意，可以向由欧盟成员国派遣至联合侦查组中的成员委任侦查措施。

（2）其他人也可以根据参加国的法律规定或双边协议参加共同侦查组。

（3）参加共同侦查组的男女官员可以直接向受其他成员国派遣的成员或其他参加人员传输在履行职务中获得的信息，包括与个人有关的信息，只要这属于共同侦查组的工作需要。

（4）只要根据第 3 款获得的信息要求改变其使用目的特殊协议，那么该协议在旨在使用信息的请求获准后就可得到许可。

第 94 条　出于保全、扣押与执行的目的而提出的请求

（1）根据欧盟理事会 2003 年 7 月 22 日《关于在欧盟内执行对财产标的或证据方法的保全》的第 2003/577/JI 号框架决议（ABl. EU Nr. L 196 S. 45）（关于保全的框架决议）的规定提出的请求，适用第 58 条第 3 款以及第 67 条的规定，如果：

1. 不必证明双重可罚性，如果请求据以提出的行为根据提出请求的成员国的法律，以最高为 3 年以上的自由刑相威胁，而且属于关于保全框架决议第 3 条第 2 款所列举的犯罪分类的。

2. 税收、缴纳、关税以及货币事项方面的请求，在德国法没有与提出请求的成员国的法律相同的税收、关税以及货币方面的规定时，可以许可。

（2）根据第 1 款提出的请求不得准许，如果：

1. 存在根据第 77 条第 1 款，与《刑事诉讼法》第 97 条相联系的扣押禁止。或

2. 被追诉者因为请求据以提出的同一行为，已经被其他的成员国作出了具有终审效力的裁判，而且处罚已经执行，正在被执行或者根据作出裁判国的法律，不再能被执行的。

该规定不适用于，服务于追缴或没收命令的准备的请求或可以根据《刑法典》第 76 条 a 独立作出的此类措施。

（3）对为根据第 58 条第 3 款与第 67 条的措施而提出的请求的准许，可以推迟，只要：

1. 其可能妨碍正在进行的刑事侦查。或

2. 与请求相关的标的已经在其他的刑事程序扣押或保全。

第 95 条　保全的文件材料

（1）对根据关于保全的框架决议的规定提出的请求的准许，只能在如下情况中才能许可：出具附有证明文件的保全裁定，内容包括：

1. 出具材料的司法机构的名称与地址。

2. 保全所要求的财产标的或证据方法的描述。

3. 根据请求国的法律，有犯罪行为嫌疑的自然人或法人的尽可能精确的姓名与名称。

4. 保全的理由的陈述。

5. 犯罪行为实施的情况，包括犯罪时间与地点的描述。

6. 犯罪行为的种类与法律特征，包括裁定决定据以为基础的法律规定。

（2）第 1 款所指的证明文件不存在、不完整或明显不符合保全裁定的，主管机构可以设置一个出具、补充或更正的期间。第 1 款所指的证明文件不完整的，如果能从保全裁定中获得所要求的说明的，主管机构可以放弃出具证明文件的要求。

第 96 条　对保全措施的准许所负有的原则性义务

根据第 94、95 条的规定得到许可的成员国的请求应被准许。请求因不许可而被拒绝的，必须说明拒绝准许的决定所采取的理由。

第 97 条　对移交证据方法的请求

对成员国移交标的的请求，适用第 94 条第 1 款的相关规定，如果该标的是作为证据方法在请求国的程序中适用并且根据关于保全的框架决议的规定已经扣押或采取其他保全措施的。

第十一编　总结性规定

第98条　适用保留：期限规定

第九编第二章的根据关于罚金刑的框架决议的规定执行罚金刑的规定，在根据第 87 条第 2 款第 1、4 项的罚金刑中，只有在这些处罚于 2010 年 10 月 27 日之后具有终审效力时才能适用。在根据第 87 条第 2 款第 2、3 项的罚金刑中，第 1 句所指的规定只有在科处罚金刑的非法院裁判于 2010 年 10 月 27 日之后作出时才能适用。

第98条a　基于缺席裁判的请求的过渡性规定

本法所指的欧洲羁押命令与证明文件，可以偏离第 83 条 a 第 1 款、第 83 条 f 第 1 款、第 87 条 a 第 2 项、第 88 条 b 第 1 款与第 88 条 c 第 1 项的规定，使用 2011 年 3 月前的版本，只要欧盟的请求国以其他的方式或方法提交附加说明，该说明必须符合欧盟理事会 2009 年 2 月 26 日的有关修改第 2002/584/JI 号、第 2005/214/JI 号、第 2006/783/JI 号、第 2008/909/JI 号和第 2008/947/JI 号框架协议，加强个人的程序权利与促进对当事人缺席的法院审理所作出的裁判的双边承认的原则的运用的第 2009/299/JI 号框架决议（ABl. L 81 vom 27. 3. 2009，S. 24）第 2～4 条的规定。一旦最后一个欧盟成员国将其转换为本国法，这一规定就不得再行适用。联邦司法与消费者保护部规定根据第 2 句第 1 句不再适用的日期，并在联邦公报中公布。

第98条b　执行剥夺自由的处罚的过渡性规定

第 84 条至第 85 条 f 在涉及与荷兰、拉脱维亚、立陶宛、波兰、爱尔兰与马耳他时不予适用，如果作为剥夺自由的处罚的执行以之为基础的裁判是在 2011 年 12 月 5 日之前作出的。

第 99 条　基本权的限制

身体完整性（基本法第 2 条第 2 款第 1 句），个人自由（基本法第 2 条第 2 款第 2 句），通信、邮件与电讯之秘密（基本法第 10 条第 1 款），住所不受侵犯（基本法第 13 条）以及引渡保护（基本法第 16 条第 2 款第 1 句）可以根据本法加以限制。

附录　德国的引渡制度：原则、结构与变化

樊　文　中国社会科学院法学研究所副研究员

一、引言

　　一国主权止于本国国界。本国的刑事追诉机关不可能在他国采取法律措施。有的行为人实施犯罪后，逃匿他国以规避刑事追究。对逃匿者犯罪行为的侦查、审判或者处罚，在本国境内如果不能全部完成，就需要与他国进行跨境刑事合作。应他国请求为在他国进行的刑事程序提供的任何帮助，不论这种程序是由法院还是由其他（侦查控诉）机关所运作的，也不管这种帮助是由法院提供的还是由其他机关提供的，都是刑事案件❶国际司法协助。不过，请求他国对逃离本国的嫌疑人给予刑事追究，❷ 并不寻求他国程序帮助的，虽是国际刑事合作，但不是国际司法协助。同样，没有他国的请求，主动给他国提供程序帮助的，比如，主动给他国传递案件线索或者情报信息，或者驻外（国）的本国机构给予本国刑事追诉机关的帮助，也不是国际司法协助。进行国际刑事司法协助需要有必要的规范基础。❸ 在德国，规范国际司法协助的基础性法律是《刑事案件国际司法协助法》。❹

---

　　❶　这里的刑事案件是指根据事实或者基于推测，国家针对实施了的犯罪行为而启动的追究程序，其目的是要针对特定的行为人科处或者执行刑法上的处罚。

　　❷　这是指有些国家的刑法适用法上所规定的目的在于填补漏洞的刑事司法代理原则。

　　❸　Maurach/Zipf, Strafrecht，AT，Teilband I，8. Aufl. 1992， § 11 Rn. 37.

　　❹　Gesetzueber die internationale Rechtshilfe in Strafsachen（IRG）（2015 年 8 月 31 日修订）。

该法是促成跨（国）境执行的法律，其中规定了刑事司法协助三种主要形式，除了经常适用的引渡行为人外，还包括执行互助和相互协助取证（"小司法协助"）。而这三种形式中最能引起国际法上和国际政治上关注的协助形式当属"大司法协助"之引渡。

在被请求国（他国）居留的、受请求国（本国）追诉的被告人或者需要执行请求国所判刑罚的罪犯，本人不愿被交给他国审判或者执行刑罚的，就需要引渡。引渡时，被告人居留国的国家机关可以对被告人采取强制措施，把他交给请求国，以便其受到请求国有管辖权法院的审判，最终实现请求国的刑罚权。一般情况下，相关国家之间会就请求的个案达成共识，顺利实现引渡。但是，如果被请求国认为，请求国针对被告人的刑事程序在国际法上是不受允许的，比如认为请求国没有管辖权，或者是违反了人权标准，或者认为引渡在政治上是不适当的，而且在其国内的国际司法协助法上存在妨碍引渡的事由，那么，引渡就变得极具争议而困难重重。

因此，在具体个案的司法协助上，为了能够顺利实现引渡，就有必要厘清德国引渡制度的基本理念和主要法源，了解其引渡法的基本原则、规范结构和发展变化，掌握德国的引渡法基本框架究竟"是什么"，进而找到顺利引渡的正确法律根据和途径。由于德国的引渡法也受到来自欧盟和国际层面立法的影响，因而出现新的变化、遇到重要的问题、出现新的特征，"怎么看"意义上的观察与评论，可以在"动态法"的层面，为个案协助的交涉提供讨论的方向和要点。

二、德国引渡法的基本理念和重要法源

（一）德国引渡法的基本理念

引渡法是国内法特别是刑法（尤其是刑法适用法、❶ 刑事诉

---

❶ 在德国，是指其《刑法典》上的第3～7条、第9条以及德国《国际刑法典》第1条。

讼法与国际法交叉而独立的法律领域，该领域有其独特的制度理念。国内刑法是建立在领土主权的基础之上，刑事程序只能在本国领土内展开。国家的边界只对行为人（嫌疑人）开放，而不对刑事追诉开放。要想实现本国的刑罚权，对于追究逃匿他国的被告人的刑事责任，原本可以考虑以扩大刑事案件的国际刑事管辖权的方式予以解决。比如，可以规定，任何国家在法律上都可以处罚居住在其领域内任何人的所有犯罪。这样的解决方式，可以具体为（包括协助在内的）刑事司法合作的两种管辖权基本原则：❶ 世界法原则和刑事司法代理原则。世界法原则，不用考虑行为人的国籍、犯罪地以及被害人的国籍，就可将本国刑罚权延伸到某种犯罪事实，但是，这种管辖所及的犯罪事实，只能是威胁到世界上所有国家的共同安全的行径，比如海盗、灭绝种族或者恐怖主义，或者根据行为危及或危害的法益性质，威胁到世界各国都受其利的超国家文化之法益时，才可适用世界法原则。刑事司法代理原则是出于法律上或者事实上的原因，行为人不能被引渡给他国，而造成有管辖权的他国未能追究时，比如，受庇护的政治难民在他（母）国时犯有故意杀人罪，因政治犯而不能引渡回他（母）国，其所犯故意杀人罪未能追究，本国（庇护国）为确保任何逃匿犯在庇护国不能逃避刑事追究，行使本国刑罚权，代理他国进行审判以"填补漏洞"。这两个原则反映的是本国刑罚权向外的扩张或者延伸。这在多数国家各不相同的刑法适用法上都有规定，但是，无限扩张和延伸国内刑罚主权的做法，都受到国际法的严格限制。此外，即便在法律上对外国的嫌疑行为人的审判管辖没有限制，也会遇到事实上的阻碍，因为，国内

---

❶ 这里需要注意区分国家间刑法合作的形式和国家间司法协助的形式。国家间刑法合作的形式包括四种：（嫌疑的或者受判决的）行为人的引渡、小司法协助（或者其他司法协助：取证协助、返还非法财产协助等）、代理刑事追究和代理执行刑罚。而司法协助仅限于引渡、执行和取证等，并不包括代理刑事司法和代理执行刑罚。参见 Gless, internationals Strafrecht，2. Aufl. ，2015 ，S. 86 Rn. 250。

法院通常根本不可能查明在国外实施的犯罪行为。因此，绝大多数国家在刑法上都规定有刑法适用法的情况下，接受国际法上的合理连接点原则，并普遍承认：引渡是国际刑事司法协助不可放弃的工具。

一个国家把当事人引渡给他国，实质上也可能侵犯了当事人的基本权益。因为一般来说，自由选择居留国家而不受任何阻挠，是受德国宪法保障的迁徙自由之基本权利。对当事人受他国指控的行为，当事人的居住国因没有管辖权而不能进行刑事制裁，根据国际刑法"或起诉或引渡"的要求，若是绝对保障当事人自由徙居的个体利益而不考虑引渡，就容易形成逃犯的"避难所"或者"绿洲"。为避免出现这样的局面，在实现请求国刑法利益时，就必须一般地优先考虑国家间相互支持的共同利益，而把与之相对的当事人（尤其在欧盟范围内）自由选择居留国家之利益放在其次。

（二）德国引渡法的重要法源

引渡法的基本理念要求，为了打击犯罪的共同利益，主权国家之间根据请求和自愿应尽可能地相互提供引渡协助。这种引渡协助关涉国家主权和个人权利，尤其需要有法律上的根据。德国的引渡协助有许多法源。传统的法源主要是双边引渡条约。德国与其他欧洲国家的关系中，以双边引渡条约为根据来处理引渡事宜，如今已是例外。欧洲范围内，引渡的最重要法源是 1957 年的《欧洲多边引渡协定》。但 1977 年该《协定》才在德国生效。

此外，德国引渡法在申根或欧盟范围内的法源还包括其加入的四个最重要的多边国际法条约：1990 年 6 月 19 日的《申根施行协定》，[1] 1995 年 3 月 10 日的《欧盟成员国间简化引渡程序的

---

[1] Schengener Durchfuehrungsuebereinkommen（SDUe）. 与引渡制度紧密相关的是其第 59～66 条、第 93 条、第 95 条。

协定》，❶ 1996 年 9 月 27 日的《欧盟成员国间的引渡协定》❷ 和 2002 年 6 月 13 日的《欧盟逮捕令和欧盟成员国间移送程序的框架决定》。❸ 德国通过批准法把这些协定转换为国内法，❹ 相关的国际法规则也可以在国内直接适用。批准法的位阶通常属于联邦的基本法律。

作为传统法源的双边引渡条约，只是在处理德国与欧洲之外的国家间之引渡事宜时，仍然有现实重要性。欧洲之外的国家与德国没有缔结双边或者多边条约的，在请求德国给予引渡协助时，德国的国内法律根据是 1982 年起生效的《刑事案件国际司法协助法》，它规范在处理包括引渡在内的国际司法协助事宜时，德国应当适用的基本原则（包括引渡的前提和界限）和程序规则。

《刑事案件国际司法协助法》主要是德国司法和执法机构协助外国刑事诉讼程序的法律根据，它把无条约关系的引渡类型区分为他国请求的引渡事务（第 2～42 条、第 80 条），通过德国主权辖区转送被外国引渡的人的引渡事务（过境引渡：第 43～47 条❺）。该法着重规范的是前者的引渡类型，主要是关于承接他国引渡请求的规则。

尤其是处理他国的引渡请求，《刑事案件国际司法协助法》

---

❶ EU－Uebereinkommen ueber die vereinfachte Auslieferung（EU－VereinfAuslUebk）. 与引渡制度紧密相关的是其第 3～12 条。

❷ EU－Auslieferungsuebereinkommen（EU－AuslUebk）. 与引渡制度紧密相关的是其第 3～9 条。

❸ Rahmenbeschluss des Rates vom 13. Juni 2002 ueber den Europaeischen Haftbefehl and Uebergabeverfahre zwischen denMitgliedstaaten［RbEuHb］. 与引渡制度紧密相关的是其第 1、2 条。

❹ 根据国内法与国际法的关系和宪法状况，德国奉行二元论的国内法—国际法关系。

❺ 尽管德国法上用了"引渡"的术语，但是，这里的"过境引渡"严格地说，并不是真正意义上的引渡。因为，把一个人解送到既不是请求国，也不是被请求国的第三国主权领域，只能是过境解送。

还规定了引渡法源的适用次序。该法规定，国际法上的条约具有适用优先性（第1条第3款）。即除条约义务之外，国家并没有帮助他国进行刑事追究或者刑罚执行的任何国际法上的义务。如果双方国家之间存在专门的引渡条约，或者多个国家之间存在多边的引渡协定，比如《欧洲多边引渡协定》，那么，就要优先适用赋予国家国际法义务之条约或者协定。各不相同的协定都是国际法上的条约，只要这些协定中没有让某个双边条约优先的冲突条款，那么，就适用后缔结的条约优先适用的原则。因此，在相同的条约方之间缔结的多个双边条约的情形下，只有以前缔结的条约不违背后来缔结的条约，才有以前缔结条约的适用。● 条约优先于《刑事案件国际司法协助法》适用，可能导致即便根据《刑事案件国际司法协助法》不允许引渡的当事人，根据国际法协定德国也必须引渡。不过，作为国际法的引渡条约，是请求国的最低权利和被请求国的最低义务，● 如果所涉及的国际法条约出现了处理特定引渡事务"于约无据"的漏洞，那么，在该条约的适用范围内就要补充适用《刑事案件国际司法协助法》。究竟是排除《刑事案件国际司法协助法》的适用，还是补充适用，关键取决于引渡条约的规定是穷尽性规则还是开放性规则。若是前者，就排除《刑事案件国际司法协助法》的适用。若是后者，则要补充适用。已经转换为德国国内法的相关国际条约规定而成为该国内法之特别规定者，优先适用该国内法的特别规定（第1条第4款），如与欧盟成员国之间的引渡规定（《刑事案件国际司法协助法》之第6编）。如果德国和相关国家之间没有缔结引渡条约，就只能适用《刑事案件国际司法协助法》。

需要补充说明的是，德国处理引渡事宜的一个重要行政文

---

❶ Lexposterior derogate legi priori, Gless, Auslieferungsrecht der Schengen－Vertragsstaaten, Neuere Entwicklungen, fors－chung aktuell, 2002，S. 5.

❷ Boese, in：Gless（Hrsg. ），Auslieferungsrecht der Schengen Vertragsstaaten, 2002，MPI，S. 121.

件——《刑事事务与外国交涉指南》（以下简称《指南》）。❶ 它是对《刑事案件国际司法协助法》的进一步具体化，是属于效力及于整个联邦的、可操作性很强的日常行政细则。比如，对于（承接的和发出的）引渡请求的处理，该《指南》规定有四个可选择的途径：❷ 两个国家方之政府和他方的外交代表相互联系沟通的外交交涉途径。相关国家最高司法或者行政机构之间的部长交涉途径（德方是联邦司法部或者联邦州的司法部）。驻被请求国的领事代表与被请求国机构之间的领事交涉途径。请求国机构和被请求国机构之间的直接交涉途径。德国与外国的联系，原则上要通过外交交涉途径解决。不过，德国与他国之间也可通过双边或多边条约具体规定交涉途径。具体个案中，选择何种途径，必须根据《刑事事务与外国交涉指南》附录二"各国部分"❸ 所提供的资讯来确定。由于"各国部分"的内容是持续、即时更新的，因而，确定适用于具体个案的法律状况，必须进行切实的最新审查。不过，要特别注意的是，这个行政指南对于法官并没有拘束力，对于法官有约束力的主要是体现引渡基本原则的法定引渡实体要件和程序规则。

三、引渡的实体要件和程序流程

在国际法上，除非有条约的明确规定，国家没有引渡的义务。在没有条约义务的情况下，是否接受他国的引渡请求，完全是被请求国自行决定的主权事务。因此，引渡可以分为无条约关系的引渡和有条约关系的引渡。德国的《刑事案件国际司法协助

---

❶ Richtlinienfuer Verkehr mit dem Ausland in strafrechtlichen Angelegenheiten (RiVASt)：http：//www. verwaltungsvor schriften－im－internet. de/bsvwvbund_05122012_I1119350B13002010. htm. 最后访问时间：2016 年 1 月 6 日。

❷ Nr. 5 RiVASt.

❸ RiVASt－Laenderteil：http：//www. bmj. bund. de. 最后访问时间：2016 年 1 月 6 日。

法》也区分为无条约关系的一般引渡和有条约规范的引渡，规定了各自的实体要件和程序流程。不过，这些实体要件和程序流程，除宪法上的受明确保障的实体要件外，根据国际引渡协议的规定，也可以作出修改。

(一) 无条约关系的一般引渡之实体要件

对于无条约关系的一般引渡，德国《刑事案件国际司法协助法》第2条明确规定：因在外国实施犯罪行为而可能受到刑事追究的人，可给予引渡。引渡的达成，他国须提出请求、被请求国必须自愿。如果德国是被请求国，它是否愿意给予引渡，关键要看请求之引渡是否符合其《刑事案件国际司法协助法》规定的标准：正面的和负面的引渡实体要件。

1. 正面的实体要件

(1) 受指控的当事人的行为，在请求国必须是受刑罚处罚的行为（第2条）。这个原则是指无论根据请求国的法律还是被请求国的法律，如果当事人的行为都是可予刑罚处罚的，就可以引渡当事人。[1] 这里当事人的具体行为，无论是根据请求国还是被请求国的刑法，都必须是该当构成要件和违法的行为，而不必要是有责的或者可予以追究的行为。即对案件事实做必要的比照转换，被请求国以自己认定的事实为根据，审查行为不法是否成立，此时，必须考虑请求国刑法上的合法化事由，而其刑法上的免责事由和个人的免除刑罚事由，则不必考虑，即原则上不审查行为人的罪责问题。除引渡请求提到的根据外，如果被请求国对司法审查的可罚前提条件有疑虑的，也有必要查问、求证于请求国。

(2) 司法协助的相互性是相关国家必须保证相互给予一般的或者个案的相应待遇（第5条）。互惠原则主要对没有条约的所

---

[1] §§2、3 IRG.

有司法协助事务具有重要意义。❶ 它是指请求国要保证，在司法协助实务中也要给被请求国提供至少同等程度和范围的司法协助。

（3）所涉行为，根据德国法必须是一种违法的、受一年或者一年以上自由刑处罚的重罪行为（第 3 条第 2 款）。被请求国对受指控的人采取自己国家的刑罚权所赋予的措施和手段，有理有据，当然没有问题。然而，对于所实施的受他国指控的行为，根据被请求国的法律不受处罚的行为人，被请求国是不能采取这种手段的。采取这种手段，需要有合法化的根据。如果受指控的当事人的行为，在德国做相应的转换比对，❷ 是不予处罚的，或者在德国只是判很短自由刑的轻微犯罪，那么，就可能拒绝引渡。此外，引渡所涉行为不要求两国间罪名表述一致，只要行为所涉实质相同或相似即可。

《刑事案件国际司法协助法》第 2 条和第 3 条第 2 款也包含了引渡法上的双方刑事可罚性原则。双方刑事可罚性原则源自主权相互对立的思想，它尤其关注引渡请求所涉行为，根据被请求国的法律，是否也受刑罚处罚。一个国家不会因为一个在类似案件中对其国来说不会成立请求引渡的行为，而必须给予引渡，即保证被请求国不会被强迫引渡一个它认为没有犯罪的人，❸ 确保被请求国不变成请求国的纯粹帮工，而是要保持其法律制度对于

---

❶ 历史上与互惠原则紧密相关的双方刑事可罚原则，仅适用于引渡的协助形式，而互惠原则还适用于取证协助和执行协助。

❷ 比如 A 在法国暴力抗拒法国的判决执行官员，然后逃回德国。这个行为根据《法国刑法典》第 433～436 条在法国是可以予以刑罚处罚的。《德国刑法》第 113 条规定的抗拒执行官员罪所保护的是德国公务员，并不能直接适用于 A 的行为。但是，假若 A 在德国对德国执行公务的人员实施了同样的行为，则在德国就可以予以刑罚处罚。因此，根据德国《刑事案件国际司法协助法》第 3 条，就可以引渡 A。这种比对转换也与刑法适用法及具体规范的保护范围是否及于外国法益有关，对此，参见 Satzger：《国际刑法与欧洲刑法》，王士帆译，元照出版社 2015 年版，第 17 页。

❸ 朱文奇：《现代国际法》，商务印书馆 2013 年版，第 157 页。

引渡请求所涉行为的优先适用。❶

（4）最低刑罚原则（第 3 条第 3 款）。如果出于刑事追究目的之引渡，所涉行为的法定最低刑通常不超过 1 年的，或者出于刑罚执行目的之引渡，尚未执行的监禁刑至少不到 4 个月或者尚未执行的监禁刑总和不到 4 个月的，原则上都可以拒绝引渡。

2. 负面的实体要件（妨碍引渡的事由）

即使上面提到的实体要件都具备了，引渡还可能因为负面的实体要件（即障碍事由）而受阻。德国《刑事案件国际司法协助法》也规定有许多限制和拒绝引渡的事由。

（1）德国人不引渡。引渡请求的对象，可以是请求国国民，也可以是被请求国或者第三国国民。实践中，绝大多数国家奉行"本国国民不引渡原则"。❷ 德国根据其《基本法》，原则上不允许引渡德国人给外国。❸ 与此相应，《刑事案件国际司法协助法》仅仅规定了"外国人"的引渡。❹ 不过，如今这个原则已经有所松动。❺ 比如，根据现行德国《基本法》第 16 条第 2 款第 2 句，❻ 在一定限度内可以把德国公民引渡给欧盟成员国。尤其是《刑事案件国际司法协助法》第八编第二章"引渡至欧盟成员国"中规定，如果行为人在请求国实施了嫌疑行为，而且外国机构保证，在其对被追究人判处自由刑后，若被判的德国公民请求回国执行，即可将其交回德国执行所判刑罚的，原则上就可以给予请求国刑事追究目的之引渡。与这种引渡不同，出于执行刑罚目

---

❶ Safferling, Internationales Strafrecht，2011，§12，Rn. 48ff.，S. 498ff.

❷ 不循此原则的国家极少，比如英国，除非条约有相反规定，对于被请求引渡的人不做本国公民和外国人的区别对待。

❸ §16 Abs. 2. S. 1 GG.

❹ §2 IRG. 外国人是指根据§116 Abs. 1 GG，不具有德国国籍的人。

❺ Werle/Jessberger，in：Laufhuette/Rissing－van Saan/Tiedemann（Hrsg.），Leipziger Kommentar StGB，Band I，12. Au－fl. 2007，§7 Rn. 75，S. 611 f.

❻ 德国《基本法》第 16 条第 2 款第 2 句规定："只有法治国家的基本原则得到维护，可以通过法律对引渡到欧盟成员国和移交给国际刑事法院作出有偏离的规则。"

的，只有征得被判了刑罚的德国公民同意（实务中极为罕见），才可以把德国公民引渡给他国执行刑罚。● 如果不存在这些前提条件，针对德国公民的引渡请求，不予准许。

（2）如果行为已经受到德国法院的审判，或者为此在德国启动的程序实质中止的，不允许引渡（第9条）。在此规则中表达的原则是本国审判优先于引渡。此外，还要避免行为人因同一行为而受到多个国家的判决。根据德国的理解，"一事不再理"原则上只在一国领域内起作用。其实质是不承认外国刑事判决的既判力。若认可其既判力，无疑对外国刑事司法预设产生某种程度的信赖。即便承认了外国判决的既判力，国家基于本国自身利益受到犯罪的影响，还可能会重新起诉。● 因此，如果当事人在外国因其行为已经被判决，德国仍然可以发出引渡的请求。

（3）军事犯、政治犯不引渡。《刑事案件国际司法协助法》第6条第1款、第7条规定，因军事的或者政治的犯罪行为，●不予引渡。在引渡法中这个基本原则是由来已久。尤其是政治犯不引渡，其背后的考量是：个人有通过政治活动推动政治变革的权利。本国不介入他国的国内政治斗争，而且不想偏袒或者优待他国国内任何一方的利益而引渡某人，让其因出于政治动机的犯罪行为受到刑事追究。特别关切没能成功的政治反抗者个人因此类犯罪受到该国不公正审判和处罚。但是，德国《刑事案件国际司法协助法》也例外地允许引渡政治犯，不过前提是：行为人因为未遂或既遂的种族屠杀、谋杀或者故意杀人以及参与此类犯罪而受追诉或审判（第6条第1款第2句）。这样，种族屠杀或者

● §80 Abs. 3 IRG.

● 柯庆忠：《欧盟引渡制度之新变革》，载《东吴法律学报》2006年第18卷第3期，第152页。

● 军事犯的概念基本没有分歧，是指仅仅违反军事义务的犯罪。然而，政治犯的概念和范围，历来富有争议，不过，应当注意，国际刑法上的核心罪行，不应视为政治犯，应予引渡。

故意杀人犯罪的共犯当事人，主张自己实施的是"政治"行为而对抗就此行为的引渡请求，就不再奏效。

被请求国有权确立政治犯的认定标准。[1] 在德国，不是根据促使行为人实施犯罪的动机，而是要优先根据行为的客观特征确定行为的政治性质，这是通说。据此观点，政治性的犯罪行为至少是指直接针对国家的存在或者安全，针对其功能或者制度的犯罪行为。区分行为是否带有政治元素，关键是要看行为所追求的政治目的，用其所采用的手段是不是可以达到，行为的严重程度与所追求的目标之间是否处于相当的适当关系，以及行为与政治目标之间是否存在具体的关联。[2]

（4）如果有足够的理由可以断定，当事人在引渡案件中可能遭受政治迫害，准确地说，因其种族、宗教信仰、国籍、政治见解或者属于某一社会群体而遭受追究或者刑罚处罚的威胁，那么，无论当事人受请求国指控的犯罪种类是什么，都不允许引渡（第6条第2款）。因政治迫害威胁而禁止引渡与政治避难权（政治庇护权）[3] 有着紧密的内在联系，[4] 但这种禁止引渡与政治庇护权不同。根据通说，给予政治避难（政治庇护）或者仅仅提出了政治避难申请，并不当然地阻却引渡。不过，在有避难权的当事人因政治迫害已经逃离的国家请求引渡的情形下，所启动的刑事追究对当事人有重新政治迫害之虞的，德国会拒绝引渡当

---

[1] 被请求国对政治犯的确立认定标准，一方面可以让真正的政治信仰犯受到保护，另一方面可以避免把"政治的"标签滥用到暴力犯罪行为之上。

[2] Vogler/Wilkitzki, Gesetz ueber die international Rechtshilfe in Strafsachen (IRG). Kommentar, 1998, § 6 Rn. 44—65.

[3] 政治庇护权是一项基本权利，其中也包括保护免于政治迫害的引渡。因可能的政治迫害而阻却引渡的事由，是德国宪法上受保障的阻却引渡事由。受宪法保障的阻却引渡事由，不能通过条约让其失效。

[4] Art. 16a GG.

事人。❶

（5）死刑。如果当事人在请求国面临死刑威胁，禁止引渡（第8条）。然而，这种抽象的死刑威胁还不足以导致拒绝引渡。即一国刑法原则上规定有死刑和法定刑幅度中有死刑可选，仅此情形，还不足以阻碍引渡。只有加上请求国不能保证不科处或者不执行死刑，才足以拒绝引渡。但是，如果请求国在具体案件上作出有约束力的可靠保证（不科处死刑或者至少不执行科处的死刑），就可以引渡。就死刑问题有此并不绝对的明确规则，是因为虽然德国《基本法》第102条和许多国际文件都选择废止死刑，但是禁止适用死刑，尤其对于尚未废止死刑的国家来说，国际人权法的要求目前还不是具有普遍约束力的国际法规则。对于他国法律的价值选择，德国法废止死刑的选择不可绝对地强求于他国。❷

（6）罪行特定原则（标的限定原则）。"特定性"的要求是指引渡要能够保证只针对特定罪行的审判为目的（或者刑罚执行为目的）。审判的罪行必须与引渡申请提及的罪行保持一致。❸ 如果请求国提出了引渡申请，而案件情节让人有充分理由认为，当事人还可能受到出于政治原因的附带追究，或者引渡后请求国会把当事人移交给以政治原因追究他的第三国，那么，被请求国就可以拒绝引渡。根据罪行特定原则，被请求国还可要求请求国作出保证，当事人仅仅就引渡请求中列明的、构成引渡请求合法根据的罪行受到追究。而且，未经被请求国同意，不得把当事人引渡或者驱逐到第三国。此外，在刑事程序结束后和宣告执行后，

---

❶ 政治犯或者死刑威胁犯不予引渡的，德国用其刑法上的"刑事司法代理原则"（第7条）来解决当事人应予追究的行为之刑事责任问题。

❷ 尤其对于有引渡条约而且条约并不禁正的，更是如此。参见 Vogler/Wilkitzki, Gesetz ueber die internationale Re－chtshilfe in Strafsachen（IRG），Kommentar, 1998，§8 Rn 8。

❸ §11 IRG.

必须给予当事人一定期间，在此期间他可以离开请求国回到原来的引渡被请求国执行刑罚。请求国以特别说明作出保证，或者必须征得被请求国同意，就是接受对其主权的限制。被请求国限制其主权的引渡附加条件，请求国应予遵守，❶ 以便当事人能够受到罪行特定原则的持续保护（当事人明确选择简式引渡的除外）。说到底，罪行特定原则，就是要在请求国无遗漏地全面刑事追究利益和保护当事人免于过度侵害之间作出平衡。

（7）可能的非人道处遇。如果有足够的理由认定，当事人在引渡的案件中可能受到酷刑或者其他非人道对待的，无论如何这都是一个引渡的阻碍事由。不过，当事人仅仅提出了这种泛泛的主张，或者仅仅主张请求国的监禁条件达不到德国的待遇，这些不足以成为引渡阻碍事由。确实，在与欧盟外国家的引渡交涉中，请求国的监禁条件是德国常常碰到的难题。尽管请求国的羁押和监禁条件普遍不如德国理想，但是，在具体个案中给请求国附加一些条件，也可以给予引渡。比如，要求请求国保证，把当事人安置于符合欧洲最低标准的特定监禁场所服刑，并允许德国领事官员到监狱例行访问该当事人。

（8）缺席判决。如果当事人既没有得到程序进行和结束的告知，事实上也没有机会听审和进行有效辩护，就作出一个让当事人倍感意外的缺席有罪判决。这种判决根本达不到刑事程序法治国家原则的最低要求——正当程序下的公平。据此判决提出的引渡请求，原则上不允许引渡。然而，要审查当事人法律上的听审权❷和适当的辩护权是否确实得到了充分保障，仅凭请求国所提供的引渡材料并不能立即作出判断，如有可能，被请求国还需要

---

❶ §§11，72 IRG.

❷ 所谓法律上的听审权，是指被告人有亲自出席审判的权利，被告人有权要求在审判的整个过程中出现在法庭上。它是一项基本人权，旨在保证审判公正。因为只有被告人始终在庭审现场，才能知道对自己的指控，有机会自行辩护或者通过其律师进行辩护，最终澄清真相并保证审判公正。

向请求国的相关机构进行查证。不过，如果请求国是欧盟成员国，并且能够保证引渡之后给予当事人以再审机会，则允许引渡（第83条第3款）。

（9）时效和赦免。涉及引渡行为的时效问题，德国法原则上以请求国法律为判断标准。根据请求国法律，行为未过时效的，予以引渡。但是，涉及引渡的行为，如果德国法院也有管辖权，根据德国法，该行为已过追诉时效和执行时效的，或者根据德国赦免法，该行为被免除刑罚的，则不允许引渡（第9条第2款）。"刑法和谐化"要求不同的法律制度"相互承认"，倡导尊重差异性和立法者的价值选择。请求国必须认同和尊重德国法所选定的不同的时效制度。如果一个在德国过了时效的行为，在外国正受追诉，并且不能以禁止双重刑事追究为由予以抗辩，德国公民的行为在德国因时效已过而不受刑事追究，自然也就不会把身处德国的德国公民引渡给他国。但是，需要注意的是，判断涉及引渡行为的可追诉性，以德国法为标准，仅仅是针对（德国也有管辖权的）管辖竞合情形的唯一例外。

（10）公共秩序原则。刑法上的协助，不得降低对当事人的权利保护。被请求国至少要对其协助行为在外国的诉讼中可能产生的后果负责，而且，它对此负有特别的国家义务。对于他国制度的容忍限度是根据人权标准，以公共秩序保留的手段划定的。如果引渡有可能违背德国法秩序的重要原则，引渡是不允许的（第73条）。该原则要求优先考虑对当事人的人道和司法关照义务。德国法上尽管没有规定出于人道原因不引渡，但是，如果当事人因为严重疾病不能逮捕、拘留和不能解送，并且执行引渡有死亡危险或者重大而不可恢复的健康损害危险的，根据公共秩序保留原则，不予引渡。同样，没有刑事责任能力的未成年人也不予引渡。此外，在严重违反德国《基本法》或《欧洲人权公约》或者联合国《公民权利与政治权利国际公约》所要求的法治国最低标准的情形下，会导致拒绝引渡的后果。对于欧盟外的国家，是否符合这个原则，德国主张进行个案审查。

（二）德国的传统引渡程序

1. 引渡拘留程序

以引渡为目的的拘捕，原则上要求有当地州高等法院签发的引渡拘留令。引渡拘留令一般在收到引渡请求后签发，签发条件是：必须存在逃跑危险或者掩盖事实、妨碍外国刑事程序或者引渡程序中的真相调查之虞的理由，❶ 所要采取的这种措施是适当的，并且预先对关键的引渡前提审查后，引渡看来是允许的。❷ 若当事人存在可以引渡的行为之重大嫌疑，或者应请求国主管机构请求，州高等法院也可以在收到引渡请求之前下达临时引渡拘留令。❸ 但是，自当事人（根据引渡拘留令或者临时引渡拘留令❹）被拘捕之日起，若引渡事务的受理机关在 3 个月时限内，没有接收到欧洲以外的请求国引渡请求以及有关引渡的书面证据与材料，❺ 还可以撤销引渡拘留令。❻ 对引渡拘留最迟应该于 2 个月后，依职权进行一次审查，以决定是否延长并继续拘留。❼

允许没有引渡拘留令的临时拘捕，是引渡拘留程序的例外。如果存在签发引渡拘留令的前提条件，❽ 检察官和警官可以临时拘捕涉及引渡的人。❾ 在引渡目的的临时拘捕程序上，德国法原则上给予涉及引渡的当事人与因本国刑事指控而拘留的人一样的

---

❶　§ 15 Abs. 1. S. 1. 2.

❷　§ 15 Abs. 2.

❸　§ 16 IRG.

❹　引渡拘留令是指引渡羁押令状，临时引渡拘留令是指临时引渡拘捕令。德国一般是检察官先请求法官核发临时拘留令，核发后检警把当事人拘捕留置后，由法官决定是否羁押，此时的决定本文称为引渡拘留令。

❺　欧洲国家的时限是 2 个月。

❻　§ 16 Abs. 2.

❼　§ 26 Abs. 1 . IRG.

❽　§ 15, Art. 16 IRG.

❾　§ 19. S. 1. IRG.

程序地位和程序权利。拘捕引渡当事人时，必须告知其拘捕理由。❶ 被拘捕的引渡当事人，应最晚于拘捕后一日内被无迟延地带到最近的地方法院之法官面前。法官要告知当事人有对行为之指控表达意见的权利，❷ 有获得法律帮助的权利，❸ 对他的指控享有供述或不供述乃至保持沉默的自由。这里的地方法官，原则上只询问当事人的个人情况、国籍、私人关系，并给予他对暂时拘捕表达意见的机会，以及针对他的引渡提出反对理由的机会。如果当事人没有反对引渡的理由，就要告知他还可以选择简式引渡程序，以及选择简式引渡可能出现的对其不利的后果。❹ 地方法官经过询问，如果发现被拘捕的人并不是引渡当事人，而是抓错了人，地方法官有权当即释放被拘捕人。如果他认为引渡当事人的身份不存在疑问，可以下令留置当事人直至州高等法院作出是否给予引渡拘留的决定。地方法官同时要把留置决定以及相关的引渡材料，无迟延地递送主管总检察长，总检察长向州高等法院申请引渡拘留令。不过，假如主管总检察长有足够的理由认为，不存在羁押的事由或者引渡明显是不允许的，或者不具备给予引渡拘留的前提条件，主管总检察长就要联系地方法官，可以决定释放被拘捕的引渡当事人。不过，如果收到引渡请求，总检察长也可以在调查国籍和个人情况之后，或者查问请求的外国机构后，抓捕被请求引渡当事人之前，直接向州高等法院提出引渡拘留申请，这样，就不再需要地方法院的留置决定。由于已经有州高等法院的引渡拘留令，被拘捕的当事人就可以被晚些带到地方法官面前。已经签发的引渡拘留令要及时向被拘捕的引渡当事

---

❶ §16 Abs. 1. IRG.

❷ §22，IRG；Art. 40，RiVASt.

❸ §40 IRG.

❹ §23 Abs. 3 IRG 选择简式引渡程序的不利后果，比如，允许请求国追究当事人尚不包括在批准引渡罪行中的犯罪行为（即意味着放弃§11 IRG 所规定的罪行特定原则）。

人宣布并给予副本。❶

如果收到引渡请求而当事人的居住址不明的，可以采取必要的措施确定当事人的居住地实施抓捕。下达具体的缉捕措施的命令不需要特别请求。驻州高等法院的检察官有权签发通缉令。发布通缉令时可比照适用德国《刑事诉讼法》第9a章第131～132条的相应规定。❷ 如果当事人被抓捕归案，驻州高等法院的检察官应当申请州高等法院就被指控的对象和引渡的合法性进行司法审查。当事人同意简式引渡程序的，该检察官也可提出这种申请。

2. 引渡的"审""批"两分程序

请求国向独立的国际法主体之德国（被请求国）提出引渡请求，就启动了引渡程序。引渡请求必须明确指出当事人实施了可引渡的罪行。被请求国大多相信请求国已经掌握了必要的罪嫌证据，在引渡程序中原则上不需要提供这些证据。但是，并不是所有案件都能让被请求国产生这种信赖。比如，当事人的行为嫌疑，有可能会是请求国强加的：请求国由于其反对派逃到了德国，主张其实施了没有任何根据的犯罪行为（制造假案），目的只为抓住他并以政治为由把他监禁起来。对于这类案件，在履行引渡之前，德方就要核验是否真正存在行为嫌疑。❸

接到引渡请求后的引渡程序，分为司法和政治层面上的两步：司法审查程序，即审查引渡在法律上是不是存在障碍或者是不是合法的（引渡的合法性），以及在肯定引渡合法的基础上的行政批准程序，即对引渡在政治上（外交政策上）是不是适当地作出核定（引渡的合目的性）。对引渡作出司法审查裁定的，是当事人被采取措施的机构辖区的或者其居住辖区的州高等法

---

❶　§ 20 IRG.

❷　§ 18 IRG.

❸　§ 10 IRG.

院。❶ 为审查引渡的合法性，州高等法院可以让请求国补充材料，询问当事人并收集相关证据，并进行口头审理（言词审理）。❷ 当事人在该程序中的程序权利等于在刑事程序中的被告人权利。❸ 刑事程序中的一些程序原则，比如职权调查义务、羁押案件迅速审查要求等，也适用于该司法审查程序。如果该程序进程中出现有关法律上的疑难问题，州高等法院还可申请联邦最高法院就法律问题作出裁判。

如果州高等法院准予引渡，那么，联邦司法部长或者他授权的机构在行政批准程序中行使政治上的自由裁量权，尤其要做外交政策上的考量。这个程序大致可分三步：对合法性审查有无矛盾和有无说服力进行简单审查。查清德国对此引渡请求有无国际法上之引渡义务。若无此义务，即就此请求基于外交、刑事政策以及人道考量，最终作出批准或者不准的决定。批准程序作出的决定具有双重属性。一方面，对于法院和行政机关有约束力；另一方面，在对外关系中，批准程序所形成的决定是国际法上的意思表示。❹ 这两步分工程序，首先体现的是德国传统引渡制度的一大特色：法律上和政治上的双重维度。此外，是德国《基本法》上联邦和州之间的分工：联邦州负责刑事司法，❺ 而外交关系或者对外关系的维系，只能是联邦事务。❻

在批准引渡之前，当事人有两种引渡程序可选：正式引渡程

---

❶　§§13，14 IRG.

❷　§30 IRG.

❸　当事人享有的基本权利——听审权（§103 Abs. I GG，§77 IRG，§§33，136 StPO），沉默权（§22 Abs. 2. S. 2IRG），程序的任何阶段获得法律帮助的权利（Art. 40 IRG），尤其是阅卷权和与当事人的通信权利（§§147、148StPO）等。

❹　王效文：《德国刑事司法互助法制与欧盟法之影响》，《涉外执法与政策学报》2012年第2期，第12页。

❺　§74 Abs. 1. S. 1 GG.

❻　§32 Abs. 1 GG.

序和简式引渡程序。这两种程序原则上都是司法程序。进行简式引渡的最重要的前提条件是，根据被请求国的法律，所请求之引渡必须是明显允许的。如果告知当事人可以选择简式引渡程序，并且向其履行了特别清楚的说明义务，指出作出的同意是不能撤回的❶并且还有其他可能的法律后果，比如，当事人作出同意简式引渡并被法官记录在案，也就表明他放弃了特定罪行引渡原则的保护，❷允许请求国追究当事人尚不包括在被请求罪行中的行为之责任（即当事人明确同意简式引渡程序，其引渡就不受罪行特定原则的约束），之后，当事人声明同意简式引渡，并被法官记录在案的，就可不必要求州高等法院的司法审查裁判，❸准予引渡。若没有按照规定告知，就可能导致当事人的程序选择无效。

州高等法院的拘留决定、引渡的司法审查裁定，不可上诉。❹联邦司法部长或者其授权机构在行政批准程序中作出的决定，司法不得撤销。❺

（三）欧洲引渡协定范围内的德国引渡法

欧盟成员国的扩大、东欧边境的开放以及欧洲范围内各国边境控制的解除，使得人口的自由流动和迁徙更为便利，但也使犯罪人的活动范围日益扩大，犯罪后逃匿他国变得更加容易，因此，刑法的国际化趋势增强，引渡的重要性日益突出。国际法层面出现了一些对德国传统引渡法带来重要修改的多边协定。这些协定的共同目的在于破除或者松动传统的各自相同的引渡障碍，简化和加快协定成员国之间的引渡程序。而这个目的的实现有赖

---

❶　§ 41 Abs. 3 IRG.

❷　§ § 11，41 Abs. 2 IRG.

❸　因为当事人在此放弃了预防性的权利保护。

❹　§ 13 Abs. 1 IRG.

❺　因为主观权利的损害不能诉诸法院。参见 Schomburg/Lagodny, in：Schomburg/Lagodny, Internationale Rechtshilfe, § 12 IRG, Rn. 22ff。

于成员国接受《欧洲人权公约》的约束，更重要的是要建立遵守程序基本原则的相互信赖。比如，2002 年 6 月 13 日欧盟议会通过的《欧盟逮捕令和欧盟国家之间解送程序的框架决定》（下文简称《欧盟逮捕令框架决定》）所确立的相互承认原则，就是为此作出的重要贡献。

《欧盟逮捕令框架决定》认为，欧盟逮捕令是一成员国签发的司法决定。为刑事追究或执行刑罚目的而搜索、抓捕和解送行为人，根据相互承认原则，另一成员国应执行这个司法决定。❶据此，对于他国的主权行为（逮捕令），应该如同自己的主权行为一样予以对待和执行。

《欧盟逮捕令框架决定》要求成员国于 2003 年年底前把该决定内容转换为国内法。❷德国经过两次转换立法最终于 2006 年 7 月 20 日把决定内容整合进《刑事案件国际司法协助法》之第八章第 78～83i 条。尽管《欧盟逮捕令框架决定》抛弃了传统引渡法，德国法仍然把其看作传统引渡法的"唯一"特例，❸并且，关于"引渡"的术语以及引渡程序的"审""批"两步分工结构，至少在形式上没有做任何改变。德国法所做的修正和变化如下：

1. 欧盟内引渡的实体要件

（1）欧盟内有条件引渡德国人。对于欧盟逮捕令所针对的德国人的引渡有特别的前提条件。只要当事人愿意，欧盟成员的请求国保证判决后解送回德国，并且与请求国有"重要关联"，就可以引渡德国人。❹ 如果行为全部是在他国实施的，与欧盟成员的请求国没有这种"重要关联"，请求国判决之后保证解送回德

---

❶ Art. 1 Abs. 1, 2RbEuHb.；Safferling, Internationales Strafrecht, 2011, § 12 Rn. 51.

❷ Satzger, Internaitonales and Europaetsches Strafrecht, 6. Aufl. 2013, § 10 Rn. 31.；Safferling, Internationales Strafecht, 2011, § 12 Rn. 54.

❸ Safferling, Internationales Strafrecht, 2011, § 12 Rn. 54.

❹ § 80 Abs. 1 IRG.

国，并且没有本国（德国）关联，当事人的行为根据德国法同样是可以处罚的，即符合双方可罚性，就可以引渡德国人。❶ 不过，行为与请求国是否存在这种"重要关联"，《刑事案件国际司法协助法》规定了类似属地管辖的主权领域认定标准：❷ 要么行为全部或者重要部分在请求国主权领域实施，而且至少结果之重要部分发生在请求国主权领域，要么行为至少部分在请求国主权领域内实施的、具有跨国特征的重大犯罪。出于执行刑罚目的而请求引渡德国人的，只有被判刑的德国人被告知后，表示同意引渡，而且，这种同意的意思表示被法官记入笔录，方准予引渡。❸ 欧盟内的引渡上，比较特殊的问题是长居德国的外国人的引渡。根据《刑事案件国际司法协助法》，在德国长居的外国人享有特别权利，并且可以受到与德国公民同样的对待。❹ 根据其在德国的居留时间、语言知识、家庭情况、职业活动等，只要评估认定确实有在德长居的事实，如果出现《刑事案件国际司法协助法》第80条第1、2款的情形，在此情形尤其不能保证按照当事人的意愿交回德国执行的，即便德国人也是不允许引渡的，那么，德国就可以拒绝（以刑事追究为目的）引渡该长居德国的外国人。以刑罚执行为目的的引渡请求，如果在德长居的该外国人不同意引渡，并且，在德国执行其刑罚，特别有利于对其应有利益的保护，❺ 德国也可以拒绝引渡该在德长居的外国人。

（2）双方刑事可罚性原则。欧盟范围内的引渡，也要求双方刑事可罚性。不过，《欧盟逮捕令框架决定》列举了32种适用欧

---

❶　§ 80 Abs. 2 IRG.

❷　Safferling. Internationales Strafrecht，2011，§ 12 Rn. 57.

❸　§ 80 Abs. 2 IRG.

❹　§ 83b Abs. 2 IRG.

❺　§ 83b Abs. 2b IRG.

盟逮捕令的犯罪行为目录，❶ 只是在这个范围内的犯罪，要求成员国免于这个原则的审查。❷ 但是，如果犯罪行为在目录范围内，在被请求国有所怀疑的情况下，也可以要求请求的成员国在其刑事可罚性上作出保证。执行欧盟逮捕令时，如果欧盟逮捕令所针对的行为不在目录中，并且，这种行为在核发逮捕令的国家处 3 年以上自由刑或者剥夺自由的保安处分的，核验引渡前提条件时，就要适用双方刑事可罚性原则。另外，鉴于《欧盟逮捕令框架决定》列举的 6 种犯罪，语言严重模糊，比如，"种族主义""电脑犯罪""仿冒与产品盗版""仇外"，德国仍坚持双方刑事可罚性审查。对于这样的问题，德国从法治国的高度进行处理，即只有当请求国的引渡请求所涉及的犯罪，合乎德国事先已经明确的特定标准的（即符合其犯罪构成明确性要求），才例外地不予双方刑事可罚性审查。

（3）终身监禁。欧盟成员国之间的引渡，当事人有受终身监禁的危险，或者说存在判处终身监禁的事实，都是引渡的障碍。不过，如果请求的欧盟成员国保证给予当事人一次重获自由的审查机会，那么，就可以考虑给予引渡。在欧盟之内给予这种引渡，要保证最迟在被引渡人被监禁 20 年后，对是否继续执行终

---

❶ 根据§2. Abs. 2 RbEuHb，欧盟逮捕令适用的 32 种犯罪清单如下：参加犯罪组织，恐怖主义，贩卖人口，对儿童性剥削及儿童猥亵物品、毒品及精神药品之非法交易，武器、弹药及爆炸物非法交易，腐败犯罪，诈骗犯罪（包括 1995 年 7 月 26日《保护欧共体财政利益协定》意义上的有损欧共体财政利益的诈骗犯罪），对犯罪所得之洗钱，伪造货币（包括伪造欧元），网络犯罪，环境犯罪（包括濒临绝种的动植物、树种之非法交易），帮助非法入境和非法居留，故意杀人及重伤害，器官和人体组织之非法交易，劫持、非法拘禁及绑架，种族主义及仇外，有组织盗窃、携带武器盗窃，文物之非法交易（包括古董和艺术品），欺诈、勒索及勒索保护费，仿冒和产品盗版，伪造、变造及交易公文书，伪造、变造支付工具，荷尔蒙和其他生长激素之非法交易，核物质和放射性物质之非法交易，所盗机动车之交易，强奸，放火，国际刑事法院管辖之犯罪，劫持航空器及船舶。不过，需要注意的是，这个清单所列举的犯罪，并不是以犯罪构成要件特征予以定义的，而是作为犯罪现象予以描述的。参见 Gless, Internation—ales Strafrecht, 2. Aufl. 2015 , S. 170 Rn 491。

❷ §81 IRG.

身监禁必须进行一次审查。❶

（4）一事不再理。如前所述，在德国"一事不再理"是仅适用于其国内的原则。不过，这个原则也有例外。根据《申根施行协定》，行为人因同一行为在其他申根条约国被宣告无罪或者被判处了刑罚的，在申根条约国就不再受到刑事追究。因此，作为申根条约国的德国原来所主张的仅适用于德国国内的"一事不再理"原则，其适用范围现在已经扩大到了所有申根国家。❷

2. 欧盟内引渡的程序流程

传统引渡法固守"审""批"两步程序和双方可罚原则，尽管维护了主权，但是常常使得刑事追诉的效力大打折扣，已经成为欧盟实现"安全、自由和法治的统一区域"的障碍。欧盟成员国法律制度上已经有了信赖，若再加上准许程序的政治核准，就让这种程序变得多余。同理，双方可罚性原则也是不必要的。

为了整体提升引渡程序的效率，不再保留两层级的引渡程序和双方可罚性原则，欧盟成员国确立了欧盟逮捕令制度。《欧盟逮捕令框架决定》要求成员国之间的引渡，废止政治性批准程序（即传统引渡所要求的外交政策考量），把当事人的解送完全交由司法决定。在司法机构之间建立直接的解送制度以代替传统的引渡制度，实现高效的司法协助。

欧盟范围内搜捕下落不明的当事人，通常根据的是欧盟逮捕令，作为成员国的请求国，也可以在申根国家根据其国境公约建立的申根信息系统中，发布通缉公告，这个通告只要包含必要的信息，比如，被通缉者的身份、国籍，发布通缉公告的司法机关的名称、地址、联系方式，可据以执行的逮捕令或者司法裁判，犯罪性质、分类以及事实描述，发布国的处罚制度等。德国法把

---

❶ §83 Abs. 4 IRG；§5 Abs. 2. RB—EUHb.

❷ 到 2016 年申根国家有 26 个，其中包括欧盟成员国 22 个。非欧盟成员国但属于申根国家的有 4 个国家：冰岛、挪威、瑞士和列支敦士登。

这种通缉公告，视同欧盟逮捕令。[1] 负责引渡事务的准备和执行的，在德国是相应州的主管总检察长。

根据申根信息系统的通缉公告或者欧盟逮捕令，主管总检察长向州高等法院申请正式的引渡拘留。引渡拘留令的要求，和前面的传统程序没有差别。不过，自当事人被拘捕之日起，引渡拘留时限总共是 2 个月。处理引渡事务的相关机关，若在此时限内没有接收到引渡请求和相关的书面证据与材料，则应撤销引渡拘留令。如果不存在引渡拘留理由，当事人不受拘留的，主管总检察长也可以让当事人向外国机构（自愿）主动投案，但是，必须提前告知他投案的具体时间和地点。如果引渡执行在即，由于当事人不存在羁押理由而尚处自由状态的，为了顺利执行，州高等法院可以依法签发执行（引渡）拘留令（IRG 第 34 条）。

关于是否执行欧盟逮捕令的审查问题。尽管《欧盟逮捕令框架决定》要求废止政治性批准程序，德国仍保留其传统的审批分工的两步程序。[2] 德国《刑事案件国际司法协助法》规定（第 79 条），德国和欧盟成员国之间的引渡，仍然遵循传统的司法合法性审查程序和行政批准程序。

州高等法院审查是否执行欧盟逮捕令。除形式上审查材料的完整性外，实体上还要进行一般的司法审查和特别的司法审查。一般的司法审查包括：请求国是否能让当事人不受歧视对待。特别的司法审查包括：根据德国法是否已经过了追诉时效或者执行时效。对当事人的追究是不是违背一事不再理原则。根据《德国刑法》第 19 条，当事人是否年满 14 周岁。如果当事人受到终身监禁刑的威胁，是否能够保证：至少执行 20 年监禁后有一次审查，以决定可否予以假释。如果州高等法院审查认为，可以执行欧盟逮捕令并允许引渡，那么，接下来就进入由联邦司法部或委

---

[1]　§ 83a Abs. 2 IRG.

[2]　这种做法是否符合《欧盟逮捕令框架决定》的要求，受到了学者的质疑。参见 Ambos, Internationales Strafrecht, 3. Aufl. 2011. § 12 Rn 46.

托州司法部负责的行政批准程序。在司法部的程序中，就要考虑同一行为在德国是否进行过一次刑事程序。德国的刑事程序是否已经中止。相对于欧盟逮捕令的核发国之第三国也有引渡请求的情况下，是否应当优先帮助第三国。能否期待在类似的情形下，逮捕令核发国对于德国也能给予互惠帮助。针对德国公民核发逮捕令之核发国，就判决后移送该公民回德国执行刑罚，是否作出了特定保证。当事人是不是在德国有惯常居所的外国人。

欧盟逮捕令批准执行之引渡移交，由州主管检察长负责安排。根据边界或者空港协议，移交在联邦警察的帮助下于批准后最迟 10 天内执行。❶

关于欧盟成员国间简化的引渡程序问题。德国《刑事案件国际司法协助法》第 41 条规定了简式引渡。应欧盟成员国的引渡请求，向当事人告知可选择简式和正式引渡程序后，若当事人同意简式程序，并且，同意的意思表示被法官记录在案，就可以不进行正式引渡程序。在此情况下，因当事人已明确放弃了正式引渡程序的预防性权利保护，州高等法院就不用对引渡合法性进行司法审查了。《欧盟成员国间简化引渡程序协定》与此紧密相关。

但是，当事人的同意并不完全排除对引渡的司法审查。因为德国的司法协助法给引渡拘留令规定了前提，至少在签发临时引渡拘留令时，法官就要对引渡的前提和障碍事由，进行大致的司法审查。❷ 尤其是《申根施行协定》第 95 条的通缉公告中，就有临时拘捕当事人的请求，法官决定（临时）引渡拘留令时，主要审查的就是，大致来看，引渡是不是可允许的。❸ 这种审查的根据是《欧盟成员国间简化引渡程序协定》第 4 条第 1 款录入的、与申根信息系统中通缉公告的附件材料中的描述相一致的信

---

❶ § 83c Abs. 3 Ⅱ.

❷ § 16 IRG.

❸ § 15 Abs. 2 IRG.

息。^❶ 只有借助这些信息，才可能进行大致审查。如果核发拘留令还需要补充进一步的信息，根据《欧盟成员国间简化引渡程序协定》第 4 条第 2 款，他们可以向请求国提出要求。解释这些规定时需要考虑，根据《欧盟成员国间简化引渡程序协定》第 3 条第 2 款，提交引渡请求和必要的材料原则上是不是必要的，并且根据其第 4 条第 2 款，若提出这样的要求，违背协定的意义和目的。如果在个案上被请求国认为，这些材料是必需的，那么，就不能拒绝这些材料。如果根据这一切信息，发现并不存在核发临时引渡拘留的前提条件，就不能考虑简式引渡了。

四、对德国引渡法的发展变化及存在问题之述评

观察德国引渡制度的整体变化，可以发现其发展趋势和存在的问题。

（一）引渡的传统基本原则的松动

对于现代引渡法来说，主权国家总是认为，只有建立自己的法律制度，才能为当事人获得公正的结果，提供最好的程序保障。对于外国刑事司法，原则上不予信任。然而，犯罪的跨境频繁发生，要求主权国家建立起共同打击跨境犯罪的"统一战线"。这种统一战线有着共同的作战目标和标准，找到共同的标准并让其成为司法协助的制度根据，就对引渡法上一直优先考虑的国家主权原则提出了这样的挑战：是否还要继续坚守国家主权原则？

国家主权原则，在传统的德国引渡法上主要表现为：不引渡本国国民，所涉引渡行为的双方刑事可罚性要求，以及"一事不再理"仅限于一国之内的原则。

1. 有条件地引渡德国人

过去，德国《基本法》第 16 条第 2 款规定，禁止引渡德国公民给外国。这个当时在德国国内有约束力的禁止规定，德国是

---

❶　§95 Abs. 2. S. 3SDUe.

以写入缔结的引渡条约的方式在国际法上予以保证的。德国公民的引渡是绝不允许的。拒绝引渡本国公民给他国，其根据是历史上国家对其公民的家长主义保护义务。

如今，包括德国在内的许多欧洲国家，由于有共同的法文化和尊重基本人权的认同，在此范围内，伴随着欧洲范围内的程序公正和实体刑法的水准日趋接近，过去对他国法院的独立（中立性）的疑虑，对本国公民在程序上能否得到公正对待，以及对其适用刑法是否适当的担心，逐渐消失了。绝对不引渡本国公民的原则松动了。尤其是欧盟成员国的请求国，如果能够保证该德国公民在请求国被判自由刑后，该德国公民若请求回国执行，即可交回德国执行所判刑罚的，原则上就可以引渡德国公民给该欧盟成员国。长居德国的外国公民也可以在欧盟国家间的引渡上享有与德国公民同等的对待。不过，德国对于在欧盟范围内引渡本国国民，所设定的限制条件更为严格，这一点有违框架协议要求和相互承认原则之虞。此外，根据德国《刑事案件国际司法协助法》第 80 条不可引渡德国国民的情形，根据同法第 83 条 b 之第 2 项却可将其他欧盟国家的国民引渡到请求国，这也涉嫌违背欧盟法上禁止歧视的原则。❶

2. 双方刑事可罚性审查问题

在"9·11"恐怖袭击之后，出于强化反恐效率的需要，欧盟对引渡法进行了简化。欧盟《关于欧盟逮捕令的框架决定》列举了适用欧盟逮捕令的 32 种犯罪的目录，这些不适用双方刑事可罚性原则审查的犯罪，在请求国的最高刑至少必须是 3 年以上的自由刑或者剥夺自由的保安处分。这并不是"刑法和谐化"所要求的不同制度的"相互承认"，而恰恰是最严厉处罚制度的"相互承认"。此外，由于犯罪清单中，有些犯罪的构成、意义、

---

❶ Satzeer, Internationales and Europaeisches Strafrecht, 6. Aufl. 2013, § 10 Rn. 32. Fn. 92.

目的和范围严重模糊，德国保持了对其中 6 种犯罪在是否执行欧盟逮捕令时的双方刑事可罚性的审查。[1]

在引渡时，所涉及的不是被请求国刑法之适用，而是对请求国贯彻落实法律时的司法协助。只要具体个案的请求国，在追究犯罪行为时请求引渡，而被请求国不能接受引渡所涉行为之被人罪，负有引渡之条约义务的被请求国，总是可以对引渡义务提出异议，其理由是侵犯了被请求国公共秩序的底线。根据《刑事案件国际司法协助法》第 73 条，如果判断引渡违反德国法秩序的重要原则，德国机构和法院就可以拒绝引渡。因此，在团结一致共同对抗跨境犯罪上，以双方刑事可罚性原则来设置限制，没有绝对的必要性。

3. 一事不再理原则适用范围的扩大

在德国历史上，刑事领域的一事不再理原则，仅在国家主权领域所及范围内有效，不具有跨国效力。[2] 把它作为引渡的一个障碍事由，只是希望他国尊重德国不受干涉地行使其刑罚主权。因为，各国都不愿其刑罚权因他国刑罚权的行使而自动丧失，导致其刑罚权的动用遭他国之干涉。然而，各国刑法适用法都只在空间上扩张自己刑法的适用范围，而不考虑解决法律冲突，结果必然是同一犯罪行为可能适用不同国家的刑法，尽管这种力争主权的思维客观上会形成各个刑罚权的竞合网络，确保每个犯罪行

---

❶ 尽管如此，欧盟逮捕令程序在跨国移交嫌疑人上的效率还是很突出的。比如，在 2004 年以前，从引渡申请到人员移交在欧洲平均需要 9 个多月的时间，而自欧盟逮捕令实施以来，从申请到移交的时间，平均缩短到了 43 天。参见 Kommissionsbericht ueher den Europaeischen Haftbefehl and die uebergabeverfahren zwischen den Mitgliedstaaten, KOM（2005）63, S. 6; Kommissionsbericht ucher die Umsetzung des Rahmenbeschlusses zum Europaeischen Haftbehehlseit 2005, KOM（2007）407, S. 4。

❷ Satzger, Internationales and Europaeisches Strafrecht, 6. Aufl. 2013, § 10 Rn 65; Gless, Internationales Strafrecht, 2. Aufl. 2015, Rn 112, Rn 1017ff.

为不会脱漏追究之网。● 但是，单一犯罪行为仅仅因其涉外因素，就有可能受到数个国家追究，严重违背比例原则。如果继续坚持一事不再理原则不具有跨国效力的观点，那么，就会出现同一罪行有可能遭受多国重复追诉的不合理后果。

为合理解决跨国案件中的这种问题，保障曾因同一案件已经受到追究的公民，不担心双重追究地自由迁徙，即排除在一定法域内双重追究的风险对公民迁徙自由的限制，申根国家首先以国际条约创设了国与国之间的禁止双重刑事追究，肯定了一事不再理原则的跨境效力。这样，作为申根成员国的德国，其原来坚守的一事不再理原则的效力范围扩大到了申根国家。尽管申根各国在一事不再理原则的概念设计上出入甚大，该原则还面临着在"确定裁判""同一行为（一事）""再理""执行要素"等生效要件上的诸多争议，● 但是，一事不再理原则的跨申根效力，原本也不是为了防止和解决管辖权冲突，更不是在申根范围内合理分配追诉和审判权避免双重追诉和处罚引发的问题，无论从司法利益还是公民个人利益出发，这个原则都是必要的，更不用说，在申根法域内，一事不再理原则如今已经是当事人的一项基本权利。

（二）被引渡当事人的法律地位和主观权利的确立

引渡关涉的到底是谁的利益问题，其实是关于引渡本质的争论。这个争论要解决的问题是：引渡是否仅仅涉及相关国家间的法律关系，或者引渡对象的当事人本人是否作为权利主体参与引渡程序。

● Satzger，Internationales and Europaeisches Strafrecht，6. Aufl. 2013，§ 3 Rn 10.

● Satzger，Internationales and Europaeisches Strafrecht，6. Aufl. 2013，§ 10 Rn 71ff.；Vervaele，Ne Bis in Idem：To—wards a Transnational Constitutional Principle in the EU? In：Zhao（eds），Toward Scientific Criminal Law Theories，2015，S. 1108，1117，118，1127.

20 世纪，传统主流观点认为，引渡仅仅是参与的相关国家间的事务，^❶ 只是执行国际法协议，而且，参与引渡的相关国家之间以法律关系设定引渡的条件和限制。如果请求国提出了符合可适用的国际法的引渡请求，当事人在国际法上和国内法上都没有要求不引渡的权利。在这种横向的司法协助中，作为引渡对象的当事人只是跨国刑事程序的客体。20 世纪后半叶起，引渡中出现了以个人权利为根据的新取向。比如，面临政治迫害的当事人、面临死刑威胁的当事人、面临执行不知情的缺席判决威胁的当事人，禁止引渡。这些引渡的前提和限制，不再仅仅是维护相关国家的利益，而且，主要关系到引渡当事人个体权益的保护。这样，尊重基本的人权，作为国际法上有约束力的原则，被纳入请求国和被请求国之间国际法关系之中。但是，保护作为引渡对象的当事人本人之人权，这只是反映了当事人在国际法上享有的权利地位，而并没有反映出当事人自己的主观权利。

对此，理论上新的观点提出了引渡的法律关系三维理解：除相关国家外，作为权利主体的引渡当事人，也应主张自己的"引渡相对权利"（反对引渡的权利）。在引渡程序中，同时关涉引渡当事人、发出和接受协助请求的参与国家间（有时也包括国际或者超国家机构）的权利义务关系。传统理论并没有关注，被请求国对引渡当事人采取的引渡拘留措施，这种措施是对当事人基本权利的严重干犯，而这种干犯需要有合法化理由。这种合法化理由，并不在被请求国对请求国的国际法关系中，而只可能存在于被请求国的国内法中。这就意味着，对于国家对其与引渡有关的法律地位的干犯，当事人也可以根据被请求国的法律，主张其被请求国宪法赋予的个体权利。

---

❶ Vogler, in: Gruetzer/Poetz/Kress, Internationaler Rechtshilfeverkehr in Strafsachen, Die fur die Rechtsbeziehungen der Bundesrepublik Deutschland mit dem Ausland in Strafsachen maßgeblichen Bestimmungen, 27. Aktualisierung zur 3. Aufl., 2012, §8, Rn. 7ff., §73, Rn. 7f.

引渡法理论对新的引渡"三维度"关系的主张，有着很大的影响力。引渡当事人的主观权利，让参与国的条约法地位更加复杂，有时甚至可能被彻底改变。但是，也不应过高估计新的理论主张的实际重要性。因为在德国，即便是传统观点的主张者也强调，根据《刑事案件国际司法协助法》，引渡当事人在引渡程序中，当然可以主张所有的能够阻碍其引渡的法律事由。而且，由此程序安排来看，引渡当事人也绝不是引渡程序的纯粹客体。传统观点和新的引渡"三维度"关系观点之间的重要区别，只在于当事人可以援用的法律根据不同。根据传统观点，当事人只能援用国际法规范。而根据新观点，当事人不仅可以援用国际法规范，还可以援用国内法——宪法规范。随着国际法上对人权之约束力的持续认可，这种分歧会逐渐消失。

（三）当事人对引渡程序的选择权及批准引渡决定的可抗辩性

简化和加快引渡程序，在许多情况下，无论对于当事人的利益（缩短引渡拘留的羁押时间），还是对于请求国的刑事司法效率，都是有利的。❶ 但是，程序的简化绝不可削弱法治国家的标准和个人权利的保护。这种危险存在于申根信息系统的通缉公告中，因为，根据目前的状况来看，并不能确保请求国对于拘捕前提条件进行了全面审查。拘捕当事人时，也不能立即告知其被缉捕理由，因为只有在被缉捕之后才能从请求国的机构得知必要的信息，这就出现了法治国家原则上的疑虑。

传统的引渡程序上，州高等法院在司法审查程序中作出的裁定，是不可抗辩的，尽管这是德国引渡法上需要讨论的一个问题，不过，最有争议的倒是另一个问题：当事人是否可以对联邦司法部长批准引渡的决定向法院提出异议，如果可以的话，那么，哪个法院可以管辖。准予引渡的决定无疑是对当事人不利的

---

❶ Schomburg, Die Rolle des Individuums in der internationalen Kooperation in Strafsachen, StV 1998，S. 153, 155.

行政行为，但是，可提出的抗辩也可以予以驳回。驳回的理由是：联邦司法部长的自由裁量权，无论如何都不受当事人反对引渡的主观权利的限制。其实，围绕司法部批准引渡决定是否可以提出抗辩的争议，最终与这个问题密切相关：在引渡程序中给予了引渡当事人什么样的法律地位。